小山田隆明

詩歌療法の理論

新曜社

はじめに

　詩歌療法は、一九〇〇年代の中頃、アメリカのエリ・グライファーとリーディにより始められた心理療法ですが、それよりずっと以前から、人びとは詩歌療法という言葉を用いなかっただけで、詩歌に心理的な効果のあることに気づいていました。そう考えると、今日まで伝えられている古い詩（歌）集や詩について書かれた本に、詩歌の心理的な効果が記されているはずです。そこで、本書は、それらの本に詩歌療法のルーツを求め辿りながら、現代の心理学の理論との関連を探り、詩歌療法の理論を構築するための方途を見出そうとしたものです。詩歌療法のルーツを古い書籍に求める理由は、その記述は素朴ですが、本質を的確に示していると考えるからです。

　本書は二部から構成されています。前半の三章は、詩歌療法のルーツを求めたものです。第1章は、後世の詩人たちに大きな影響を与えた詩歌に関する本と詩歌集に、詩歌の心理的な効果がどのように記されているかを問題としました。詩歌の心理的な効果を問題にするとき、アリストテレスの『詩学』やホラティウスの『詩論』はその後の影響を考えるとはじめに検討しなければなりませんでした。日本にも詩歌の長い歴史があり、古い歌（詩）集や本に詩歌の心理的な効果が記されております。それらのなかでも重要と考えられる『万葉集』と『古今和歌集』、ユニークな歌学・歌論の書である『無名抄』、そして芭蕉と門人たちの著作のいくつかを取り上げました。この他にも多くの重要な類書がありますが、詩歌療法とのかかわりを考えるならば、これらの本は必ず考察の対象にしなければならないからです。第2章では、詩歌療法は、多くは抒情詩を用いていることから、日本における抒情詩人の誕生を折口信夫の所説と山本健吉の論考に依拠して『万葉集』における詩人の詩作態度の変化から考察しております。第3章では、『万葉集』巻十七に記されている大伴池主と大伴家持の間で交わされた手紙と詩歌を、日本における最も古い詩歌療法の事例として紹介しました。

本書の後半の三章は、現代の心理学において詩歌療法の心理治療的な効果がどのように説明されているか、詩歌療法の理論の構築を問題としております。第4章では、詩歌を解釈するときの基本的な方法のひとつであり、最も重要な方法である了解心理学的な方法についてヤスパースの所説を紹介し、状態の了解と動機的連関の了解を詩歌の解釈に適用しました。第5章では、初期の詩歌療法の理論を概観し、次にマッツァの二〇〇三年の著書『詩歌療法――理論と実際』において詩歌療法の基礎になるとされた理論を取り上げ、詩歌療法の理論の構築に何が必要かを問題としました。そして日本における詩歌療法研究の特徴が、俳句と連句にあることを紹介しております。第6章では、カタルシス概念の根源的な意味を問い、ブロイアーとフロイトによるカタルシス法の臨床的知見に依拠しながら、詩歌療法の主要な効果である感情の解放と認知的変容はカタルシスの二過程として説明できることを示しました。次に、詩歌療法の基本的な性格を明らかにし、心理治療的な効果をカタルシス理論とその拡張により説明しております。そして、アリストテレスのカタルシス概念にあって、これまで注目されることがなかった詩学的解釈から心理学的意味を導き出し、詩歌療法は詩歌によるライフ・ストーリーの書き換え療法であることを指摘しました。

最後の事例集は、詩歌療法の効果を説明するためにどうしても必要でしたので、拙著『詩歌に救われた人びと』（風詠社 2015）の事例を再検討・要約して載せました。

現在まで、詩歌療法には体系的な理論はありません。本書の考察やカタルシス理論が、感情と認知の融合した詩歌療法の理論の形成に役立つならば、これほど幸いなことはありません。

詩歌療法は魅力ある心理療法であり、適用範囲の広い療法です。それゆえ、多くの人びとに関心を持ってもらい、悩める人びとのために役立つことを願っております。

二〇二二年　春

目次

装幀＝新曜社デザイン室

第1章　古い文献にみる詩歌の心理的効果

詩歌療法という用語は近年のものであるが、アリストテレスの『詩学』やホラティウスの『詩論』に詩歌の心理的な効果についての記述があることは古くから知られていた。日本にも詩歌の長い歴史があり、これまで心理臨床家が気づかなかっただけで、詩歌に関する古い書籍に詩歌の心理的な効果についての記述や論考があるはずである。そこで、それらを資料として、詩歌の心理的な効果がどのように記述されているか検討することにした。

本章においては、はじめに西洋における詩の理論に大きな影響を与えてきたとされるアリストテレスの『詩学』とホラティウスの『詩論』を取り上げる。次に、『論語』と日本における詩歌の歴史の中で重要な位置を占める『万葉集』と『古今和歌集』に、ユニークな歌学・歌論書である鴨長明の『無名抄』を加え、芭蕉の『嵯峨日記』と門人の著作を手掛かりに詩歌の心理的な効果に関する記述を調べることにした。

1　詩学——アリストテレス

アリストテレス（Aristotelēs, 384-322 B.C.）の『詩学』（*De Arte Poetica Liber*）は、完成した著作ではなく、講義ノートあるいは草案に近いものと言われており、そのため理解が困難な箇所の多い書である。そこで、主としてカッセル（Kassel, R.）の *Aristotelis De Arte Poetica Liber*（Oxford, 1965）を底本とした松本仁助・岡道男訳『アリストテレース詩学』（2012）に依拠・引用しながら、今道友信訳『詩学』（1972）を必要に応じて参考にした。ギリシャ語の人名、用語の表記は一般に用いられているカタカナ表記とした。なお、松本・岡訳『詩学』からの引用箇所は（　）内に示した。

『詩学』は、詩作そのものと詩作の種類について論じると書き始めている（第一章）。しかし、考察の対象になっているのは、ソポクレス（Sophoklēs）やエウリピデス（Euripidēs）などのギリシャ悲劇（劇詩）である。叙事詩については、ホメロス（Homēros）の二つの詩について言及しているが副次的であり、抒情詩人のサッフォー（Sapphō）やアルキロコス（Archilochos）などの抒情詩については まったく触れられていない。

アリストテレスは、どのような詩も模倣的再現（ミメーシス）であり、悲劇は模倣的再現の最もすぐれたものであると言っている。ギリシャ語のミメーシス（mimēsis）は、何らかの対象を模倣・模写すること、その模像を作るという意味である。しかし、アリストテレスのミメーシスは、この語の本来の意味と少し異なった用い方をされており、人間の意図的な行為の模倣的再現を意味している（第二章）。意図的な行為のつながりは、劇詩における筋（ミュートス mythos）であり、悲劇において最もよく再現されていると言う。悲劇は、人間の再現ではなく、行為と人生の再現であり、他の詩作（劇詩）は行為の統一的な再現に欠けると言っている（第六章）。

アリストテレスの『詩学』は、悲劇の構成（筋）、登場人物の性格、詩的語法、比喩など詩作の技術について書かれたものであるが、詩の心理的効果に関しても示唆に富む書である。そして悲劇を詩の典型として考察しているゆえ、その所説は他の詩の詩作の動機づけと詩の心理的効果を検討するときの手掛かりになる。

（1）詩作の動機づけについて

松本・岡（2012）によれば、詩は詩と音楽の女神ムーサ（ミューズ）による霊感（狂気）から生まれるという考えは、ホメロス以来、ギリシャの伝統的な考えであった。たとえば、プラトン（Platōn）は、『パイドロス』で詩の誕生について次のように言っている。「技巧だけで立派な詩人になれるものと信じて、ムーサ（ミューズ）の神々の授ける狂気にあずかることなしに詩作するならば、その人は不完全な詩人に終わるばかりでなく、正気のなせるその詩も、狂気の人々の詩の前には、光をうしなって消え去ってしまうのだ［注1］」。この詩的霊感は、今日に到るまで多くの詩人にとって重要な意味を持っていた。

このような考えに対して、ギリシャにおいては、詩は技術により作られるという考えも古くから存在していた。アリストテレスは、詩人の才能を否定するものではないが（第十七章）、神託や霊感のような非合理的なものを「劇詩の外」（詩作の外）に置き、詩（悲劇）は合理的に説明できる技術によって作られるという立場から論じている。詩が人間の本性に備わっているものであっても、言葉が詩になるには、生まれつき詩作に最も向いている人たちが即興の作品を作り、時間の経過と共にそれに少しずつ手が加えられ、いまのような詩が形成されたと言う（第四章）。それは、同時に詩作の技術の形成過程であり、詩が詩作の技術と共にあったことを意味している。

模倣的再現である詩作が、人間に生まれながらに備わっている自然な傾向であるとしても、何が模倣的再現を、詩作を動機づけるのであろうか。アリストテレスは、悲劇にあっては苦難（パトスpathos）であり、破滅、苦痛、生命の危険に曝されている人間の行為である（第十一章）と言う。苦難に遭っている人間の行為が悲劇の中で模倣的に再現（ミメーシス）されるとき、観客に「あわれみ」(eleos) と「おそれ」(phobos) の感情が生じるとしている（第十三章）。悲劇を詩作する者（詩人）の目的は、悲劇を観ている者（観客）あるいは悲劇（作品）を読む者に「あわれみ」と「おそれ」の感情を生じさせることにある。今道（1972）は「あわれみ」を同情、「おそれ」を恐怖と訳している。

(2)「あわれみ」と「おそれ」

悲劇の観客は、劇中の自分に似た人物が恐怖、怒り、嫉妬、憎しみ、復讐心などから誤った判断をしてしまい、そのため不幸に遭うのを見て、自分も同じ不幸に遭うのではないかと「おそれ」を、また不幸にならなくてもよい人物が不幸になるのを見て「あわれみ」を感じるとしている。アリストテレスは、誤った判断をしたために不幸になったオイディプスや不幸にならなくてもよかったイピゲネイアを例にあげている（第十三章）。

ソポクレスの悲劇『オイディプス王』では、コリントス王夫妻の子として育てられたオイディプス（実は捨て子でテーベ王ライオスの子）が、父を殺し母を娶るという神託から逃れようとした行為（誤った判断）が不幸をもたらす。後に神託が真実であったことを知ったオイディプスは、自ら目をつぶし放浪の旅に出るという苦難の物語である。エウリピデスの悲劇『タウリケのイピゲネイア』では、イピゲネイアにどんな不幸の原因もないのに、ギリシャ軍の総大将である父アガメムノンにより兵士の反乱を鎮めるため生贄にされる。女神アルテミスに助けられ、タウロイ人の国のアルテミス神殿の巫女となっていた。この辺境の国にアルテミスの神像を探しに来た二人のギリシャ人の若者が捕らえられる。捕らえられた他国人は女神に生贄として捧げる掟があり、イピゲネイアは若者の一人が実の弟オレステスとは知らずに生贄にすることになる。しかし、オレステスは巫女が姉であることに気づき、姉弟と友ピュラデスは神像を持って船で逃れるが、その後も苦難が続く物語である。

松本・岡は、「あわれみ」と「おそれ」という感情は抑制できないような激しい感情ではなく、悲劇作品の中の出来事の正しい理解と、劇中の人物の不幸の原因の理解から生じる感情であると言っている。理解（認知）が感情を生じさせるならば、理解（認知）が変われば感情も変化することを示唆している。

（3）感情のカタルシス

アリストテレスは、悲劇の観客は「あわれみ」と「おそれ」を通じて、「そのような感情の浄化（カタルシス Katharsis）が達成される」（第六章）としている。「そのような感情」とは、「あわれみ」と「おそれ」の二つの感情を指している（松本・岡）。では、悲劇の観客に生じた感情は、どのように浄化（カタルシス）されるのであろうか。

カタルシスという用語は、すでにヒポクラテス（Hippocratēs）の医学用語にみられ、古代ギリシャでは医療において身体から有毒なものを取り除く（瀉出《しゃしゅつ》）という意味と宗教的な浄めという意味に用いられていた。『詩学』においては、この用語が明確に定義されていないため、これまでさまざまに解釈されてきた。今道は、後年の研究者の解釈を三つに分類している。すなわち、①心理学的な解釈で観客の感情のカタルシス、②演劇的解釈で劇中の出来事のカタルシス、③詩学的解釈で劇中の出来事の内容のカタルシスである。「あわれみ」と「おそれ」が直接関係するのは、観客の感情のカタルシスであるゆえ、ここではカタルシスの心理学的な解釈について検討し、他の二つの解釈は除くことにした。[注2]

今道は、観客の「感情のカタルシス」には二つの解釈があるとしている。ひとつは、人びとの同情（あわれみ）と恐怖（おそれ）の感情が悲劇の中で模擬的に再現され、観客の鬱積した感情を瀉出する（放出する、流出させる）という解釈である。アリストテレスの『政治学』[注3]には、音楽のカタルシスについての記述があり、音楽による類似した体験の再現は感情を消散させるとしている。もうひとつは、同情（あわれみ）と恐怖（おそれ）の感情が抑制され、道徳的によりよいものに浄化されるという解釈である。

松本・岡も、「感情のカタルシス」（第六章）の訳注において、カタルシスには瀉出と倫理的浄化の二つの解釈があるとして次のように説明している。

瀉出説は、医療行為における有害物質の瀉出（除去）に基づく解釈で、悲劇は観客に「あわれみ」と「おそれ」の感情を生じさせ高めることで、観客を「あわれみ」と「おそれ」の感情から解放するという説である。この説には、熱病患者に熱を加えて熱から解放（解熱）する「類似療法」[注4]の考えが認められるとしている。瀉出に関しては、瀉出を比喩的表現とする説と文字通り瀉出されるとする説があると言っている。

倫理的浄化説は、カタルシスは観客の「あわれみ」と「おそれ」の感情を除去するのではなく、倫理的に高める（浄める）とする説である。この説は、主として『ニコマコス倫理学』の第二巻第六章にみられる「中間（meson）」（中庸）の徳に関する考えによるもので、悲劇は感情の過度または過小を「中間（適度）」に導くものとされる。この説には、カタルシスを苦難の理解（認知）によって倫理的浄化に導くとする解釈もある。

(4) カタルシスの機制

アリストテレスは、カタルシスがどのような過程（プロセス）を経て生じるのか、その機制について明確に説明していない。しかし、悲劇を観る観客に生じた感情が悲劇の作り出す類似の感情により吸い取られ瀉出され、観客はこの感情から解放されるならば、カタルシスは「類似の体験の再現」や「類似の感情を生じさせ高めること」による効果であると説明される。そして、観客の感情が、弱められ、あるいは抑制されて、穏やかな「中間（適度）」の感情状態になれば、観客は悲劇の人物の行為について道徳的（倫理的）な判断（認知）ができるようになる。それゆえ、カタルシスは感情と認知の両方に作用する心的な機制と言うことができる。

アリストテレスは、悲劇に固有の「よろこび」（hēdonē）があり、「よろこび」は「あわれみ」と「おそれ」から生じると言っているが（第十四章）、どのようにして生じるのであろうか。悲劇が、親子、きょうだいのような親しい人たちの間に生じた苦難の出来事を再現したものであるならば（悲劇の多くはそうである）、そのような悲劇は観る人たちに「あわれみ」と「おそれ」の感情を生じさせる。エウリピデスの悲劇『タウリケのイピゲネイア』のイピゲネイアとオレステスに降りかかった苦難、姉が弟と知らずに女神の生贄にする不幸は、観客に「あわれみ」と「おそれ」の感情を生じさせるが、その二人が姉弟であることを互いに知ったとき、苦難を避けることができた。このとき観客に生じる感情が「よろこび」である。それゆえ、「よろこび」は、「あわれみ」と「おそれ」からの解放（カタルシス)、あるいは解放から生じる感情ということができる。

アリストテレスのカタルシスは、詩人(詩を詠む人)の感情のカタルシスではなく、劇詩(悲劇)を観る観客に生じた「あわれみ」と「おそれ」の感情を除去(瀉出)あるいは穏やかな感情状態に変える感情のカタルシスについての考察である。このカタルシス説を「詩を読む人」に適用するならば、「詩を読む人」の感情と類似した感情を表現した詩は、読む人の鬱積した感情を除去(瀉出)あるいは穏やかな感情に変える効果があり、同時にそれまでの認知を変化させることを示唆している。それゆえ、感情のカタルシスとは、鬱積した感情の解放と認知的変容を生じさせる心的機制ということができる。

近世において、アリストテレスのカタルシス概念の解釈に大きな影響を与えたのは、レッシング(Lessing, G. E.)、ベルナイス(Bernays, J.)、そしてゲーテ(Goethe, J. V.)であると言われている(田村康夫 1996)。レッシングもベルナイスも、カタルシスを観客の心的なものに関係づけている。それに対して、ゲーテは、梶野あきら(1959)によれば、カタルシスの心理的・道徳的な解釈を否定し、カタルシスを芸術論の立場から戯曲そのものの中で完結する、主人公の心中での和解としていると言う。近年のアリストテレスのカタルシス解釈については、古澤ゆう子(2009)がシュミット(Schmitt, A.)の著書『アリストテレスの詩学』(2008)の所説を紹介している。ギリシャ悲劇の内容(筋)は有名な伝承であり、観客にとり周知の物語であるゆえ、悲劇特有の楽しみは結末にあるのではなく、悲劇の過程がどのように描かれ、観客に「おそれ」と「あわれみ」の感情をどのように生じさせるかにあったという古澤の指摘は、観客の感情のカタルシスを考えるとき重要である。

2 詩論——ホラティウス

ホラティウス（Quitus Horatius Flaccus, 65-8 B.C.）は、ウェルギリウス（Publius Vergilius Maro）と共にラテン文学の黄金期を代表する詩人で、抒情詩集『カルミナ』は代表作である。『詩論』（*Ars Poetica* 詩作の技術）は、書簡（手紙）の形式で書かれた『書簡詩』の第二巻第三歌「ピーソー父子宛」の詩で、四七六行の長い詩である。この『詩論』の原題は、アリストテレスの『詩学』と同じ「詩作の技術」であるが、岡道男（2012）によれば、ホラティウスがアリストテレスの『詩学』を読んでいたという証拠はなく、たとえアリストテレスの影響を受けたとしても、それは間接的なものにとどまるとしている。しかも詩に関する所説は、アリストテレスとは異なっている。[注5] 高橋宏幸（2017）の言うように、ホラティウスの詩論がその後のヨーロッパ文学（詩歌）に少なからぬ影響を与えてきたならば、この『詩論』についても考察する必要がある。

『詩論』は、詩作の技術について書かれたもので、詩作の動機づけや詩の心理的効果については断片的な記述しかない。しかも書簡体で書かれた詩であるため、詩句の意味を明確に理解することを難しくしている。しかし、ホラティウスは抒情詩人であるゆえ、この『詩論』から抒情詩の詩作の動機づけや詩の心理的効果について、ホラティウスの所説を知ることができると考えられる。『詩論』の引用は、岡道男訳『ホラーティウス詩論』（2012）に主として依拠し、高橋宏幸訳ホラーティウス『書簡詩』（2017）を必要に応じて引用・参考にした。なお、引用に付けられている（ ）内の数字は、詩の行番号である。

（1）詩作を動機づけるもの

詩作の動機づけは、どのようにして生じるのであろうか。ホラティウスによれば、詩人の心に喜び、怒り、悲しみなどの感情が生じ、それらの感情が詩作を始動させる。詩を誕生させるのは感情であり、その感情が言葉に表され、詩になる過程を、次のように言っている。「私たちは生まれつき／・・・喜び、怒りに駆られ／激しい悲しみに地に伏してもだえる／次に、言葉を介して心の動きが外に現れる」（108-111）。そして、悲しみの感情を他の人に伝えたいなら、「君が（詩を読む）私に泣いてほしいなら、悲しむのは／（詩を書く）君自身が先だ。そうすれば、君の不幸に私も心を痛める」（102-103）と、詩作が感情体験によると言っている。

心に生じた感情だけでは、詩は書けない。詩を書くためには、霊感が必要であるとして、デモクリトス（Democritus）が詩作について語ったとされる言葉を引用している。「霊感と神的な息吹きによって書くものは何であれきわめて美しい」[注6]。そして「みじめな技術よりも才能をより大きな幸いと／みなし、ヘリコーン山から正気の詩人を締め出した」（295-296）。正気の詩人とは、ムーサ（ミューズ）の霊感に与《あずか》らない詩人を指している。ヘリコーン山は、古代ギリシャの詩の女神ムーサたちが集う山であり、詩人ヘシオドス（Hēsiodos）がムーサたちの加護を受けて詩を作ったとされる山である。[注7]そして「ミネルヴァの意に添わないなら、あなたは語ることもつくることもいっさいできないだろう」(385)と、詩は女神ミネルヴァ(詩歌・学芸の神)の計らいなしにできないと言っている。同時に、霊感だけで詩はできないことを、「いくら努力しても豊かな鉱脈(才能)がなければなんの役にたつのか、/あるいは、いくら才能があっても磨かれなければ何ができるのか」(409-410)と、すぐれた詩を作るには才能が必要であり、その才能も技術によって磨かれなければならないとしている。

ホラティウスは、詩作を動機づける要因として詩人の感情体験とムーサ(ミューズ)の女神の霊感をあげている。このムーサの女神をユング(Jung. C. G. 1966)の言う心の深層に、「あたかも人類以前の太古の深み」にあって「人間の手の届かない光と闇の世界」である心の深層に置き換えるならば、ホラティウスの所説はユングの幻想的な詩作態度の所説にきわめて類似したものとなる。そして、ムーサの女神は、後世の詩人たちが詩の源泉とみなした心の奥深い層や無意識と解釈することができる。

(2) 詩の効用について

詩は、人びとの心を動かす力をどこから得ているのだろうか。ホラティウスは、オルフェウス(Orpheus)が「人間がまだ森に住んでいたとき、・・・彼らを説いて殺戮と忌まわしい食物を止めさせた」[注8](392)と、オルフェウスの歌が人間の心に働きかけ、その行いを正し、動物のみならず植物までも動かすことができたと詩の効用を語り始める。そして、ここから詩歌の力で獰猛な虎と獅子を馴らしたという話（オルフェウス）や竪琴の音で石を自由に動かしたという話（アムピオン）などが生まれたと言う。こうして「詩人とその歌は神聖なもの」（400）となり、詩は人びとの心を動かす力を得たとしている。ホメロスとテュルタエウス（Tyrtaeus）の二人の詩人は、「詩の力で男どもの勇気を奮い立たせ、マルスの戦いへと／向かわせた」（402-403）、そして「歌によって神託が告げられ、／人生の道も示された」（403-404）と言い、詩の言葉は神々と結ばれているとした。

このような詩は、人びとにどのような効用をもたらすのであろうか。ホラティウスは、詩作の目的を「役に立つか、よろこばせるか、／あるいは人生のたのしみにもなれば益にもなるものを語るか、のいずれかである」（333-334）と言う。岡によれば、このような詩の効用は、すでにホメロスの叙事詩において語られており、ホラティウスは詩の伝統的な効用である教育的役割と娯楽性（よろこび）を主張しているとした。

それでは、詩であれば、どんな詩でも人びとに影響を与えるのだろうか。「年配の者たちからなるケントウリア（市民）は有益でないものを追い出し、／一方誇り高きラムネース（青年）は地味な詩には目もくれずに通り過ぎる」（341-342）と、詩は誰にでも同じように影響を与えるものではなく、人により異なると言っている。しかしながら、影響力のある詩は、「読者をたのしませながら教え、快と益を混ぜ合わせる者（詩人）が、万人の票（称讃）を獲得する」（343-344）としている。この詩句は、岡によれば、詩人は人びとに人生を理解し対処するすべ（術）を教え、その結果、政治や社会に利益をもたらすことを意味していると言う。

ホラティウスは、詩の影響力を絵を見る喩えにより説明している。「詩は絵と同じ。あるものは近づけば近づくほど／人を引き付け、あるものは離れれば離れるほどひとの心をとらえる。／あるものは薄暗い所を好み、あるものは光のもとで見られることを望んで、／批評家の鋭い眼力も恐れない。／一度しかよろこびをあたえないものもあれば、十回見てもよろこびをあたえるものもあるだろう」(361-365) と。この喩えは、次のように解釈することができる。ある詩は詩の一行一行に、ある詩はいくつかのスタンザ（連）あるいは全体に、心が強く引き付けられる。ある詩は鬱積した悲哀の感情を表現し、ある詩は明るく歓びを表現している。ある詩は読んだときの印象はたちまち薄れるが、ある詩は何度読んでも新鮮で印象的である。この「詩は絵と同じ」(Ut pictura poesis) は、今日でも詩論においてしばしば引用されている詩句である。[注9]

ホラティウスは、詩には人びとを教え諭すという教育と楽しませる（娯楽性）という役割があると言う。[注10] 詩人はその目的のために詩作するが、アリストテレスの感情のカタルシスのような考えは認められず、詩は鬱積した感情を浄化・解放するという詩の行はない。ホラティウスの『書簡詩』は、ヨーロッパ十九世紀のロマン主義の詩の誕生まで続いてきた教訓詩や風刺詩の伝統（バウラ1974）の原型のような詩であった。ホラティウスには、抒情詩集『カルミナ』の他に代表的な詩集として二巻の『風刺詩』があるのも頷けることである。

『詩論』は『書簡詩』の第二巻第三歌「ピーソー父子宛」の詩であるが、同じ第二巻の第一歌「アウグストゥス宛て」(高橋宏幸訳ホラーティウス『書簡詩』) には、詩の心理的な効果についてより具体的な記述がある。アウグストゥスは、初代ローマ皇帝である。ホラティウスはおよそ次のように言っている。「詩人は、詩を愛し、詩作に専念し、質素に暮らし、欲望には淡泊であり、軍務には向いていません。しかし、詩人は、少年の健全な心の育成と教育には役立ちます。詩は、困っている人を助け、病める人を慰め、病気を癒し、恐ろしい危険から逃れさせ、さらに天上の神々も霊界の神々も宥《なだ》めることができます」（119-138）と書いている。詩は、「美しいだけでは十分ではない。それは快いものでなければならない。そして、どこであれそれが望むところへ、聞き手の心を導くものでなければならない」（99-100）と言う。詩には自分や世界についての見方（認知）を変えさせ、鬱積した感情を解放・浄化する働きのあることを示唆しているが、具体的な記述は見られない。

3　論語――孔子

『論語』は、孔子（552-479 B.C）の死後に編まれた孔子とその弟子たちの言行録である。その陽貨篇十七の九に詩作の動機づけと詩歌の心理的な効用についての記述がある。金谷治訳注『論語』（1999）の白文と訓み下し文は、次の通りである。

子曰、小子、何莫学夫詩、詩可以興、可以観、可以群（羣）、可以怨、・・・

小子《しょうし》、何ぞ夫《か》の詩を学ぶこと莫《な》きや。詩は以て興《お》こすべく、以て観るべく、以て群すべく、以て怨むべし。・・・

金谷による現代語訳は、「(先生が言われるには) お前たち、どうしてあの詩というものを学ばないのだ。詩は心をふるいたたせるし、ものごとを観察させるし、人々といっしょに仲よく居らせるし、怨みごともうまくいわせるものだ。・・・」である。「夫《か》の」は詩経を指すとされているが、詩経は各地の民謡（風）、貴族や朝廷の公事・宴席などで奏した音楽の歌詞（雅）、朝廷の祭祀に用いた廟歌の歌詞（頌）を集めた詩集である（広辞苑）。それゆえ、「詩を学ぶ」の詩は、広く詩一般を意味し、その効用についての記述とみることができる。

吉川幸次郎（1996）によれば、「興」は比喩と連想による婉曲な表現、暗喩を、「観」はみずからは経験しない事柄を、あたかも親しく経験したごとく感じ、また感じたことによって考えうる文学の効用を言い、「羣（群）」は群居して相い切磋することを、「怨」は政治を婉曲に批評するという意味である。詩の本質的な特徴は、「興」と「観」にあり、「興」は詩が感情の表現であるゆえにもつ特殊な自由さとしての比喩、あるいは感情の興奮を、「観」は感情の表現であるゆえにもつ広汎な観察の可能なことを言う。このような詩の効用に「群」と「怨」があり、「群」は集団生活における効用を、「怨」はやり場のない個人的な感情の発散を言うと説明している。

山本健吉（1979）は、『詩の自覚の歴史』において、『論語』のこの数行は詩のすべての効用を語っているとして、次のように解釈している。「興」は暗喩、あらゆる詩的表現のうち、物に寄せてのもっとも柔軟で繊細、かつ感興深い表現。「観」は宇宙、人生の認識。・・・真実の洞察にもとづく根本の詩の理、「羣」は人と人とが触れあう集団の場での生き生きとした楽しみを供する、「怨」は羣を離れたひとり心の表現として、悲しみ、怨み、憤る思いを籠め、それによってかえってそれらの思いを撥うとしている（第二十一章　言志の痛情）。

孔子は、詩が詩人の主観的な感情体験の表現（興）であり、認知的変容（観）を生じさせ、他の人と詩歌を作り謡うことで感情体験を共有し、コミュニケーションの手段となり（群）、さらに個人の鬱積した感情を解放する（怨）という詩の心理的な効用を、わずか十三語により簡潔に表現している。『論語』に書かれているこの詩論は、『万葉集』の大伴池主、『古今和歌集』の紀貫之や紀淑望などの漢詩文に造詣の深い歌人（詩人）たちにはよく知られていたのではないだろうか。これらの歌人たちの詩（歌）論にはその影響が感じられるからである。

4　万葉集——大伴池主

『万葉集』は、奈良時代末期に編纂された現存する日本最古の詩歌集で、舒明朝（六二九）以降、天平宝字三年（七五九）までの約一三〇年間の長歌、短歌、旋頭歌、仏石歌、連歌など四五〇〇余首を集めた詩歌集である。その巻十七には、天平十九年（七四七）二月二十九日から三月五日まで、大伴池主（?-757?）と大伴家持（718?-785）の間で交わされた手紙と詩歌が記されている。詩歌の心理的な効用についての記述は、池主から家持に宛てた手紙にみられる。『万葉集』からの引用と口語訳は、佐竹昭広他校注『万葉集』（四）（2014）によった。

池主は、天平十九年三月五日に家持に宛てた手紙に、「昨日は拙い思いを述べ、今朝またお目を汚します。・・・(あなたの)秀れた才能には星の精気が感じられ、すばらしい文の調子は人に抜きんでたものがあります」と書いている。そして、中国・西晋のすぐれた詩人の陸機と潘岳の名をあげ、次の数行で詩とは何かと詩の心理的な効用に言及している。

思《おも》いを非常《ひじやう》に馳《は》せ、情《じやう》を有理《いうり》に託《たく》す。七歩《しちほ》に章《しやう》を成《な》し、数篇紙《すうへんかみ》に満《み》つ。巧《たく》みに愁人《しうじん》の重患《じゆうくわん》を遣《や》り、能《よ》く恋者《れんじや》の積思《せきし》を除《のぞ》く。

（巻十七　天平十九年三月五日）

この「思いを非常に馳せ、情を有理に託す」を、佐竹他では語句の注釈なしに「思いを非凡のかなたに馳せ」としているが、山本健吉（1979）は「思い」は想像力を、「非常」は日常の対極を意味するとしている。詩は、言葉の世界なので、言わば「実（事実）」に対する「虚（虚構）」の世界であり、したがって「思いを非常に馳せ」は「想像力を自由に虚構の言語世界に馳せる」ことであると言う。「情を有理に託す」は、佐竹他では「心を道理に従え一致させます」としているが、意味が曖昧である。山本は、「有理」とは単なる事実を言うのではなく、むしろ現実あるいは真実ということで、「情」（こころ）はどこまで行っても「理」（現実・真実）から離れることはないという意味に解釈している。詩は、現実から触発・誘発されて生じるゆえに、現実から離れることはないのである（『詩の自覚の歴史』第二十一章言志の痛情――大伴家持その二）。

「七歩《しちほ》に章《しやう》を成《な》し、数篇紙《すうへんかみ》に満《み》つ」の喩えは、魏の曹植が兄の文帝に七歩のうちに詩を作れと迫られ、兄が弟を虐げることを諷する詩を即座に作り、兄文帝の心を変えさせた故事をあげ、詩には読む人の心を変える影響力があると言っている。「巧《たく》みに愁人《しうじん》の重患《じゅうくわん》を遣《や》り、能《よ》く恋者《れんじゃ》の積思《せきし》を除《のぞ》く」は、愁いに沈む人の重い煩いを忘れさせ、恋する者の積る思いを晴らすと言い、詩に心理治療的な効果のあることを指摘している。池主は、詩の心理治療的な効用を自覚していたと考えられる。

山本は、池主は当時としては珍しく詩論を持った文人であり、その詩論は中国の典籍に根拠を持つもので、[注11]日本で初めて詩学を持った人として後世に記憶されるであろうと言っている。

三月四、五日の池主からの手紙と詩歌に対して、家持は三月五日の返事の手紙に、

　一《ひと》たび玉藻《ぎょくさう》を看《み》れば、稍鬱結《ややうつけつ》を写《のぞ》き、二《ふた》たび秀句《しうく》を吟《ぎん》ずれば、已《すで》に愁緒《しうしょ》を蠲《のぞ》く。

　（玉のような文章を一たび拝見すると、心の屈託はやや忘れられ、秀れた句を再び吟じて、もはや愁いは消え去りました）

すばらしい文章を読み、詩歌を声に出して読むことで、鬱屈した気分も愁いも消え去ったと書いている。池主による詩歌の心理治療的な使用については、第3章を参照。

5　古今和歌集――紀貫之と紀淑望

『古今和歌集』は、平安朝前期の十世紀の初めに編纂され、その仮名序と真名序に詩歌（和歌）の

心理的な効用が記されている。この歌集の編纂者の一人である紀貫之（870?-945?）は、仮名序において詩作の動機づけとその過程、心理的効果について次のように簡潔に記述している。引用と口語訳は、高田祐彦訳注『新版古今和歌集』（2009）によった。

やまとうたは、人の心を種として、よろずの言の葉とぞなれりけり。世の中にある人、ことわざしげきものなれば、心に思ふことを、見るもの聞くものにつけて言ひ出《いだ》せるなり。花に鳴く鶯、水に住むかはづの声を聞けば、生きとし生けるもの、いづれか歌をよまざりける。力を入れずして、天地《あめつち》を動かし、目に見えぬ鬼神《おにがみ》をもあはれと思はせ、男女の仲をもやはらげ、たけき武士《もののふ》の心をもなぐさむるは歌なり。（以下省略）

和歌（詩歌）は、人の心に自然に生まれるものであり、この世に生きる人は「関わり合う事柄がまことに多いので、心に思うことを、見るものや聞くものに託して歌にする」と言う。花に鳴く鶯、水に住む蛙の声を聞けば、その感情体験を誰もが歌に詠まずにはいられない。このような歌ゆえに、死者の霊魂（鬼神）を慰め、男女の仲を親密にさせ、荒々しい人の心を鎮め和らげることができる、と詩歌の心理的な効用を指摘している。

真名序は、紀淑望《きのよしもち》（?-419）により漢文で書かれ、仮名序とその趣旨は同じであるが、仮名序の意味を補い、『古今和歌集』編纂者の詩歌についての考えを理解するために欠くことができない記述がある。真名序の訓み下し文は、次の通りである。

夫《そ》れ和歌は、其の根を心地に託《つ》け、其の華を詞林に発《ひら》くものなり。人の世に在《あ》るや、無為なること能《あた》わず。思慮遷《うつ》り易《やす》く、哀楽相変ず。感は志に生《な》り、詠は言に形《あら》はる。是を以ちて、逸せる者は其の声楽しみ、怨ずる者は其の吟悲しむ。以ちて懐《おもひ》を述ぶべく、以ちて憤《いきどほり》を発すべし。天地を動かし、鬼神を感ぜしめ、人倫を化し、夫婦を和《やはら》ぐるは、和歌より宜しきはなし。（以下省略）

仮名序の「人の心を種として」が、真名序では「其の根を心地に託《つ》け」と言い換えられているが、仮名序の方が詩作の動機づけをより積極的に表現している。心地は心を大地に譬えた仏教用語で、詞林は詩文集のことであり、ここでは詩を意味している。人は生きていると、何もしないではいられないので、絶えず考え事をしなければならず、哀しみも歓びも体験する。そのような人生において、感動が心に生じると、その感動は歌となり言葉（表現）に現れることを「感は志に生《な》り、詠は言に形《あら》はる」と表現している。それゆえ、「安らぎを得た者の声は楽しみに満ち、怨みを持つ者の歌には悲しみがこもっている。だから、歌によってわが思いを述べ、わが憤りを示すことが可能なのである」（小沢正夫・松田成穂校注『古今和歌集』）と、詩歌は詠む人の心の状態を表現したものであり、詩作の動機づけが感情体験にあると言っている。そして、詩歌の心理的な効用については、仮名序とほとんど同じ表現を用いて指摘している。

仮名序の「心に思うこと」を「見たこと、聞いたこと」に仮託して（他の物事にこと寄せて）の記述は、その後の和歌（短歌）の作歌に大きな影響を与えたとされている。和歌（短歌）は、抒情詩でありながら、叙景詩として詠み続けられてきた大きな理由がここにあると考えられている。

6 無名抄——鴨長明

『無名抄』は、鴨長明(1155?-1216)の歌学・歌論の書であるが、従来の類書とは趣を異にしている。この書には構想らしきものがほとんど認められず、歌とは何かという歌学書と歌の作法書の歌論書が混じり合った随筆のような書である。引用と口語訳は、久保田淳訳注『無名抄』(2013)によった。

詩歌は鬱積した感情を動機づけとして詠まれることを、鴨長明は「心にいたく思ふことなりぬればおのづから歌は詠まるるなり」(心にひどく思いつめるような状態になると自然に歌は詠まれるものである)と言って『金葉和歌集』のよみ人知らずの歌をあげている(同書「思い余る頃」、「自然に歌詠まるること」)。

身の憂さを思ひしとけば冬の夜もとどこほらぬは涙なりけり　よみ人知らず

(この身のつらさをよくよく考えてみると、水が凍る冬の夜も滞る・凍ることなく流れ出るのは涙だなあ)

わずか三十一文字の詩歌が、普通にものを言う(散文)よりも、大きな心理的な効果を生じさせる理由を次のように説明している。

一言葉《ひとことば》に多くの理《ことわり》を籠め、表さずして深き心ざしをつくし、見ぬ世のことを面影に浮かべ、卑しきを借りて優を表し、おろかなるやうにて妙《たへ》なる理《ことわり》を究むればこそ、心も及ばず、言葉も足らぬ時、これにて思ひを述べ、わづかに三十一字がうちに天地《あめつち》を動かす徳を具し、鬼神《おにかみ》を和《なご》むる術にては侍れ。

（同書「近代の歌体」）

詩歌に影響力があるのは、「一つの言葉に多くの道理を包みこみ、表に出さないで深い気持を表現しつくし、見ていない世の中のことを幻影として思い浮かべ、卑賤なものを借りて優雅なものを表現し、おろそかなようであって霊妙な道理を究極まで求める」からである。そして、「心も思い及ばず、言うべき言葉も足りない時、この歌によって思っていることを」述べるならば、「天地を動かすすばらしい力を備え、鬼神の心を和らげる手段」にもなると詩歌の効用を記している。

鴨長明は、詩歌の心理的な効果は詩歌の言葉にいくつもの「見方」と余情《よせい》豊かな「感情」が籠められ、未知の世界を目に見えるように「イメージ」し、身近なものを通して普遍的な「真実」が追求されているために生じると言っている。言葉に表現されていないものを想像力を働かせて思い浮かべ、詩歌が詠まれた情景を心に描き、その中に自分の身を置くことは、詩人の感情体験を自分の内に再現させ、追体験することになる。それゆえ心が強く動かされるのである。

『無名抄』には、和歌（以後、短歌と記す）の詩作（作歌）過程に関して次のような記述がある。

短歌を詠むとき、感情の直接的な表現は避けるべきで、短歌は抒情歌であるがその表現は叙景（歌）であると言っている。次の藤原俊成《としなり》（平安後期の歌人）の短歌について、

夕されば野辺の秋風身にしみてうづら鳴くなり深草の里
（夕方になると野辺の秋風が身にしみるように吹いて、鶉（うづら）のかなしげに鳴く声が聞こえる深草の里よ）

鴨長明は、俊恵《しゅんえ》（平安末期の歌人、長明の歌の師）の次のような批評を引用している（同書「俊成の自讃歌のこと」）。「身にしみて」という第三句は「いみじう無念（大変残念）」であると言い、「ただ空に（自然に）、身にしみけむと思はせたるこそ、心にくくも優にも侍れ（深みもあり、優雅でもある）」と言っている。この短歌を「読む」人に、さぞ身にしみたであろうと思わせることが重要であり、俊恵は次の自身の短歌を秀歌としている（同書「俊恵の秀歌」）。

み吉野の山かき曇り雪降ればふもとの里はうちしぐれつつ
（吉野の山が曇って雪が降ると、その麓の里はしぐれがちな日が続いている）

叙景歌とは、鈴木日出男（1986）によれば、「自然の一続きの景観をなるべく客観的に詠んだ歌」である。しかし、景観を客観的に詠むとは言え、「広義の抒情詩としての和歌であるかぎり自然とい

かに対峙してそれをどう観照するか」が問われる。そこで、主観的な感情語や発想を出来るだけ排除し、自然の事物・事象を「客観的に」詠む和歌（短歌）を叙景歌と言っている。

抒情を叙景歌として詠むという作歌態度は、長い間短歌の伝統とされてきた。そして叙景歌として詠まれた短歌は、抒情歌として読まれることが期待されてきた。それゆえ、短歌を「読む」人は、短歌の言葉を手掛かりに、想像力を働かせ、短歌が詠まれた情景を心に描き、その中に自分の身を置かなければならない。鴨長明は、すぐれた歌には「言葉に現れぬ余情《よせい》、姿に見えぬ景気」（言葉で言い表せない余情、姿となって見えない気配、様子）があり、「暮れかかるむなしき空の秋を見て覚えずたまる袖の露かな」（新古今集、秋上、三五八、藤原良経）のような歌は、「秋の夕暮れの空の気色《けしき》は、色もなく、声もなし。いづくにいかなるゆゑあるべしとも覚えねど、すずろに涙こぼるるがごとし」と言い、その例としている（同書「近代の歌体」）。

7　嵯峨日記・笈日記・三冊子――松尾芭蕉

松尾芭蕉（1644-1694）は、俳諧連歌の第一句を発句あるいは俳諧と呼んでいるが、ここでは発句と俳諧に明治以降の用語である俳句を用いることにする。俳句（発句）を短詩型の詩として確立したのは芭蕉である。しかし、芭蕉には俳論書と言えるまとまった著作はない。そこで、芭蕉の『嵯峨日記』の断片的な記述と、門人の各務支考（1665-1731）の『笈日記』と服部土芳（1657-1730）の『三冊子』[注12]に芭蕉の言葉として記されているものを手掛かりに、悲嘆、失意、悔恨、悲哀などのネガティブな感情にどのように向き合って俳句を詠んだのか検討することにした。なぜなら、詩歌療法は、ネガティブな感情の解放と認知的な変容を目的とする心理療法だからである。

(1) 追悼句

俳句は、連句(俳諧の連歌)の発句に起源があるゆえ、挨拶という性格を持つとされている。この性格は、連句の座以外で詠まれた俳句にも求められる。それゆえ、俳句は、句作において悲嘆、失意、悔恨、悲哀などのネガティブな感情の直接的な表現は避けられている。では、芭蕉は、亡き人を追慕し冥福を祈る追悼句をどのように詠んでいるのであろうか。

芭蕉には次のような追悼句がある。[注13]円覚寺大巓《だいてん》和尚への追悼の句「梅こひて卯の花拝む涙哉」(『三冊子』「あかさうし」)では、高潔な人柄を「梅」に譬え、目の前の「卯の花」に「涙」と和尚を追慕し冥福を祈っている。出羽の国より芭蕉を訪ねて来て門人となり、去来宅で客死した呂丸《ろまる》への追悼句「当帰《たうき》よりあはれは塚のすみれ草」(『笈日記』)では、異郷で没した人の塚に咲く菫草はさらに強い哀しみを催させると(雲英末雄・佐藤勝明訳注『芭蕉全句集』)、心に刻む句を詠んでいる。芭蕉の追悼句には、慟哭とも言える激しい感情を表した句がある。「奥の細道」の帰途、金沢で会うのを楽しみにしていた小杉一笑の死を知り、「塚も動け我が泣く声は秋の風」である(萩原恭男校注『芭蕉 おくのほそ道』)。

追悼句にあっては、悲嘆、追慕、冥福を祈る感情がより印象的に表現されており、一句の中の連想に違和感も認知的な不協和も感じられない。そしてこれらの感情は追悼句を読む度に再現されても解消されることはない。

（2）『嵯峨日記』の記述

芭蕉は、自身の老いや病などから生じるネガティブな感情にどのように向き合い、俳句を詠んだのであろうか。この問いを解く手掛かりが、『嵯峨日記』の元禄四年（一六九一）四月二十二日の次のような記述にある。『嵯峨日記』は、芭蕉の死の三年前に書かれたものであり、その記述にはネガティブな感情に対する芭蕉の基本的な姿勢が示されていると考えられる。引用は、中村俊定校注『芭蕉紀行文集・付　嵯峨日記』(1971) によった。

「喪《も》に居る者は悲《かなしみ》をあるじとし、酒を飲む者は楽《たのしみ》あるじとす[注14]」。「さびしさなくばうからまし」と西上人《さいしやうにん》のよみ侍るは、さびしさをあるじなるべし。又よめる

山里にこは又誰《たれ》をよぶこ鳥獨《ひとり》すまむとおもひしものを

獨住《ひとりすむ》ほどおもしろきはなし。

西上人は西行のことであり、「さびしさなくば」の歌は「と（訪）ふ人も思ひ絶えたる山里のさび

しさなくば住み憂からまし」（訪ね来る人もない山里に住むことはつらいことであろう、さびしさがなければ『山家集』）からの引用で、さらに西行の「山里にこは又誰《たれ》をよぶこ鳥獨《ひとり》すまむとおもひしものを」（呼子鳥よ、この山里に誰を呼ぼうというのか、独り住もうと思っているのに）[注15]を引用している。芭蕉も、「予も又」として「うき我をさびしがらせよかんこどり」という句を記している。

　山下一海（2010）によれば、「あるじとし」「あるじとする」は大事にせよとの意味で、西行の歌の「さびしさなくば住み憂からまし」という逆説的な表現は、さびしさが大事なゆえに山里に住む楽しさがあるという意味になる。それゆえ、芭蕉は「獨《ひとり》住むほどおもしろきはなし」と言い、「うき我をさびしがらせよかんこどり」と詠んでいる。山下は、芭蕉のこの記述を幸福ならざる状況に置かれても、それを大事にし、それに正面から向き合い、「負の世界に徹底することによってそれを正の世界に転ずるという俳諧表現の真諦《しんてい》を示している」としている。真諦は根本的な原理という意味である。

　では、「さびしさ」をどのようにして正の世界に転じているのであろうか。山下は具体的に説明していない。尾形仂（1988）は、「孤独に徹することによって、その昔、孤独の中に、もしくは閑の中に住した人びととの心のつながりを回復する。そこにおもしろさを見出している。・・・孤独を介して他とつながる」ことであると言う。それゆえ、芭蕉が「うき我をさびしがらせよかんこどり」と詠んだのは、かんこどり（閑古鳥）よ、心晴れぬ私を一層寂しがらせてくれ、そうすれば、昔の人である西行とも知人たちとも心が通い合い、心のつながりを感じることであろう、という意味になる。「さびしさ」を徹底すれば、「さびしさ」についての見方（認知）が変わり、人びととの「心のつながり」に気づくようになる。それゆえ、俳句は、詩（句）作過程において認知を変容・転換させることにより「負の世界を正の世界に転ずる」短詩型の詩と言うことができる。

(3) 老いと病を詠んだ俳句

芭蕉は、『嵯峨日記』の元禄四年(一六九一)四月二十二日以後、自身の老いや病から生じるネガティブな感情にどのように向き合い俳句を詠んだのだろうか。旅懐「此秋《この》は何で年よる雲に鳥」と病中吟「旅に病《やん》で夢は枯野《かれの》をかけ廻《めぐ》る」の二句は、ネガティブな感情に対する俳句の対処の仕方を表しているはずである。[注16]

芭蕉は、元禄七年(一六九四)九月十日の未明、悪寒と頭痛に苦しむが、その後小康を得て門人の句会に出かけている。次の「老い」を詠んだ句は、支考の『笈日記』に九月二十六日旅懐(旅中の感慨)として詠んだと記されている。

旅懐　此秋《この》は何で年よる雲に鳥

この句は、「この秋はどうしてこんなに年老いたと感じるのか。空を仰げば鳥が雲の向こうに消えていく」と解釈されているが、『笈日記』の次のような芭蕉の言葉はこの句の理解にとって重要である。

此句はその朝より心に籠《こめ》てねんじ申されしに、下の五文字寸々《すんずん》の腸《はらわた》をさかれる也。是はやむ事なき世に、何をして身のいたづらに老ぬらんと、切におもひわびられけるが、されば此秋はいかなる事の心にかなはざるにかあらん。

(小澤武二校訂『笈日記』)

土芳の『三冊子』(「あかさうし」)にも「此句朝より心にこめて、下の五文字に寸々の腸をさかれし也」とある。「老い」の悲痛な感情の表現である「此秋は何で年よる」の下五文字に「雲に鳥」を得るまで、芭蕉が非常に苦しんだ様子が想像される。なぜであろうか。

『嵯峨日記』の元禄四年四月二十二日の記述を依り拠として、山下の説に従うならば、「寸々の腸をさかれる」ような苦しみは、「老い」という幸福ならざるものに正面から向き合い、「老い」の「負の世界」を「正の世界」に転ずるためであったと考えられる。そして「身のいたづらに老ぬらんと」という悲痛な叫びを和らげ、心の均衡が得られたゆえの「雲に鳥」であったならば、芭蕉は「雲に鳥」によりどんな世界を開示しようとしたのであろうか。

山本健吉(2000a)は、芭蕉は「雲の中に、はるか一点として消えてゆく、鳥の孤影に自分の姿の象徴を見ている」としている。「消えてゆく」鳥の孤影が自分の姿を表しているならば、「何で年よる」(老い)と「雲に鳥」(消え行く鳥)の連想に飛躍がなく、「寸々の腸をさかれる」ような苦しみがどこにあったのであろうか。

大岡信(1994)は、「此秋は何で年よる」という痛切な嘆きが「雲に鳥」という「客観的な、いわば描写にすぎない言葉」によって吸い取られ、そこに「縹渺《ひょうびょう》たる一種の象徴的な空間」が浮かんでくるとしている。そして、この句は、強い主観的な心情が自分から切り離されて客観的(対象的)世界に投影されることで痛切な嘆きが純化・浄化されていると言う。確かに、私たちも一枚の風景画に出会い、その絵に鬱積した感情が吸い取られるような体験をすることがある。

「鳥雲に入る」「鳥雲に」は、連歌以来、春の季語とされ、春に北方に帰る渡り鳥が雲間はるかに見えなくなるという意味である。しかし、上の句に「此の秋は」とあり、「寸々の腸をさかれる」ような苦しみの後に「雲に鳥」を下五文字としているゆえに、「雲に鳥」は季語の意味とは明らかに異なっている。[注17]「雲に鳥」の雲は、澄んだ秋空に刷毛で掃いたような白く薄い巻雲のような雲であり、「雲に鳥」の鳥は雲間に「消え行く」鳥の孤影ではなく、青空が透けて見える白い雲に向かって「高く飛び続ける」鳥の小さな姿を詠んだものと考えられる。

「雲に鳥」は、「何で年よる」というネガティブな世界を克服してポジティブな世界に、大岡の言う痛切な嘆きが純化・浄化される「縹渺たる一種の象徴的な空間」に転換しようとしたものである。芭蕉が「老い」に徹底的に向き合い、俳句の高みを求めていく自分を、老いていく身体の軛から解放する象徴的な表現とみることができないだろうか。そうでなければ、この句は何の救いもない孤独な心を詠んだ句にしかならない。

次の「病」を詠んだ句は、旅の途中で病の身となり、病床にあって詠んだ俳句である。

病中吟　旅に病《やん》で夢は枯野《かれの》をかけ廻《めぐ》る

芭蕉は、病床にあってなぜ「夢は枯野をかけ廻る」と詠んだのであろうか。山本は、この句を生涯を回想した辞世の句として、「旅に病み、夢うつつの中で、彼は枯野をさまよい歩いている自分の姿を見た。五十年の生涯も、言わば枯野の旅のごときものであった。彼は夢においてさえ、何かを求め、歩きつづけている。自分の妄執の深さを見る。・・・とくに辞世の句とは言わなかったが、自分の俳生涯にピリオドを打つつもりで、この句を作ったのは確かであろう」と言っている。潁原退蔵・尾形仂（2003）の作成した芭蕉略年譜によれば、この句を詠んだ二日後（十月十日）には遺書を書いて[注18]おり、その二日後の十月十二日に亡くなっている。享年五十一であった。

この句は、最後の創作句であるゆえ（改作句は他にある）、辞世の句と解釈することもできる。しかし、支考の『笈日記』元禄七年十月八日には、次のような内容の記述がある（小澤武二校訂『笈日記』）。

（病床にあった芭蕉は、この日の夜更けに看病していた呑舟に墨をすらせ、「病中吟　旅に病で夢は枯野をかけ廻る」を書き記した）。

その後支考をめして、なをかけ廻る夢心、といふ句つくりあり。いづれをかと申されしに、その五文字はいかに承り候半と申ば、いとむつかしき事に侍らんと思ひて、此句なにゝかおとり候半と答へける也。いかなる不思議の五文字か侍らん、今はほいなし、みづから申されけるは、はた生死の轉變を前にをきながら、ほつ句すべきわざにもあらねど、よのつね此道を心に籠て、年もやゝ半百に過たれば、[注19]・・（略）・・さばかりの叟の辭世は、などなかりけると思ふ人も世にはあるべし。

芭蕉は、この句の題詞を病中吟と書き記し、辞世の句でないことを強調している。この句を詠んだ翌日の十月九日に、芭蕉は支考に大井川の俳句「大井川浪に塵なし夏の月」を覚えているかと問い、この句は園女の白菊の塵（「白菊の目にたてゝ見る塵もなし」）にまぎらわしいと言って、妄執と言いながら「清瀧や波にちり込む青松葉」と改作している。[注20]さらに、注目すべきは、芭蕉はこの年の十月九日までに（十二日死去）八十九句を詠んでおり、前二年の元禄五年の三十六句、同六年の五十一句よりも多くの俳句を詠んでいることである。[注21]この俳句への執念とも思える姿勢をみるに、この「旅に病で夢は枯野をかけ廻る」の句を生涯を回想した世の常の辞世の句と同じように考えることはできない。

芭蕉は、死を予感させるような「病」にありながら、なおも俳句を激しく求めている。この句を十数日前に詠んだ「此秋は何で年よる雲に鳥」と同じように解釈するならば、「病」の身の不自由・悲嘆は心（精神）の自由・歓びを妨げるものでないことを、「病」から「夢」へと認知を転換・変容させることで、ネガティブな感情をポジティブな感情に変えることを試みたのではないだろうか。夢が過去をみる夢（回想）であるならば、この句は失意・悲嘆を詠んだ句にしかならない。

（4）心理治療的な効果

芭蕉の句と明らかに認められている俳句は九八二句あり、[注22]悲嘆、失意、悔恨、悲哀などのネガティブな感情は、追悼句と芭蕉自身の「さびしさ」「老い」「病」などを詠んだ句にみられる。しかしながら、追悼句とそれらの句の間には、ネガティブな感情への向き合い方に明らかに違いが認められる。

追悼句にあって最も激しい悲嘆の感情を表している「塚も動け我が泣く声は秋の風」でも、一句の中の連想はきわめて自然であり、認知的な不協和（違和感）は感じられない。そしてこの感情は再現されることがあっても解消されることがない。

これに対して、芭蕉は、「うき我をさびしがらせよかんこどり」の句では逆説的な表現で「さびしさ」の認知を変容させ、「老い」を詠んだ「此秋は何で年よる雲に鳥」では「何で年よる」から「雲に鳥」へ、「病」を詠んだ「旅に病で夢は枯野をかけ廻る」では「旅に病で」から「夢は枯野をかけ廻る」へと連想を飛躍させている。この連想の飛躍にネガティブな感情をポジティブな感情に転ずる認知的な変容・転換が認められる。句作過程における飛躍という認知的な変容・転換こそが、心の均衡を回復させ、俳句の心理治療的な効果を生じさせていると言うことができる。

芭蕉の俳句は、ネガティブな感情を言葉に表現することで解放・浄化するのではなく、句作過程においてネガティブな感情を生じさせている対象の認知（見方・考え方）を変えることで対処しようとしている。芭蕉には、俳句の心理治療的な効果について具体的に記述したものはないが、「さびしさ」「老い」「病」などを詠んだ俳句の句作過程にそれを見ることができる。

第2章　大伴家持の依興歌——抒情詩の詩作態度

抒情詩は、自己を限りある生命ある者と自覚・意識した詩人の一度限りの感情体験を表現したものである。詩歌療法は、抒情詩を用いた心理療法であるゆえ、抒情詩が詩歌の歴史の中でどのようにして誕生してきたか知ることは抒情詩を理解するうえで役立つと考えられる。そこで、この問いの答えを日本最古の詩歌集である『万葉集』に求め、はじめに叙景歌の成立までの詩作の動機づけを、次に最初の抒情詩人と言われる大伴家持の詩作の動機づけを問題にすることにした。考察の対象が、日本の古い詩歌集であり、柿本人麻呂、大伴旅人、山上憶良、高市黒人、山部赤人そして大伴家持が詠んだ短歌の詩型による詩歌の一部であるという制約があるにしても、有意義な知見が得られるはずである。この問題を主として折口信夫の所説と山本健吉の論考に依拠しながら検討することにした。

山本健吉に、抒情詩人がどのようにして誕生したかを主題にした論考が三編ある。最初の論考は、「詩の自覚の歴史」（初出 1955）で、この主題への関心は『万葉集』にあると言い、その後の論考の概略を示したものである。第二の論考は、「原　詩の自覚の歴史」（初出 1961）と題したもので、柿本人麻呂以前の詩の歴史を考察している。第三の論考は、大著『詩の自覚の歴史——遠き世の詩人《うたびと》たち』（初版 1979）で、柿本人麻呂から大伴家持までを主題としている。これら三編の論考は、多くを折口信夫の所説に依拠して論述されている。折口からの引用は、「叙景詩の発生」（初出 1926）、「短歌成立の本質」（初出 1939）の他、論文名が記されていないが論述の内容から「国文学の発生（第二稿）」（初出 1924）、「短歌本質成立の時代」（初出 1926）、「万葉集研究」（初出 1928）などである。折口信夫の所説の引用は、『折口信夫全集』（中央公論社）第一巻（1965）と第十巻（1966）によった。『万葉集』の訓み下し文、注釈、口語訳は、佐竹昭広他校注『万葉集』（一）（2013a）、（二）（2013b）、（五）（2015）から引用した。

1　代作者から叙景歌まで

『万葉集』において大伴家持が抒情詩の依興歌を詠むまでに、代作者の出現、古代人の心性、個人的感情の表出、叙景歌の成立の四つの過程が考えられ、これらについて折口の所説と山本の論考に依拠しながら考察することにした。

（1）代作者の出現

折口信夫の「万葉集研究」（1965c）によれば、飛鳥時代になると、高貴の人に代わって祝福の歌や悲しみの歌を作る代作者が現れるようになった。当時の天皇や貴人たちは、歌は代作者に命じて作らせるのが一般的であり、その歌は命じた人あるいは献上された貴人の歌とみなされてきた。その代作者の名が、舒明朝から斉明朝にかけて、貴人に献上する使者あるいはその歌を後の世に伝える記録者として登場するようになった。

たとえば、『万葉集』巻一の三に、題詞に（舒明）天皇が宇智の野で狩をされた時（舒明十三年）、中皇命《なかつすめらみこと》が間人連老《はしひとのむらじおゆ》に奉らせたと記されている長歌と反歌（短歌）がある。[注1] この歌は、中皇命が自ら詠んだものなのか、中皇命の想いを間人連老が代わりに詠んだものなのか、佐竹昭広他（2013a）は未詳としている。山本健吉（1983a）は、折口の「万葉集研究」の所説に従って、間人連老の名が題詞にわざわざ記されているのは、伝達者であると同時に代作者であったためとしている。そして、このような例は、これ以前にはなく、間人連老が初めてであり、その後『日本書紀』（四）（坂本太郎他校注 1995）巻二十五に野中川原史満《のなかがわらのふびとみつ》[注2]、巻二十六に秦大蔵造万里《はだのおほくらのみやつこまろ》[注3]の名がみられるようになったと言っている。[注4]

代作者は、歌を詠むとき、作歌を命じた人あるいは献上する人の喜びや悲しみを追体験し、心の奥深くまで思いをめぐらす想像力が求められる。そのためには、代作者自身が自分の心を深く見つめることができなければならない。それは、歌を詠むために必要なことであった。山本によれば、詩作に代作者が現れてくるこの時期は、日本の詩（抒情詩）の自覚の歴史における最初の転換点であったとしている。

では、どのようにして代作者から実作者へ推移していったのであろうか。山本健吉（1979）は、斉明朝前後の時期に額田王のようなすぐれた宮廷詞人の代作者たちが宮廷の周囲に集まり、特定の詞人が特定の機会に詩を詠むようになった。そして、それらの人びとは、やがて現れる『万葉集』の最大の詩人である柿本人麻呂の先触れになった。人麻呂もまたすぐれた代作詩人であったが、同時に代作者をはるかに超えた詩人であったことを要因としてあげている。

(2) 古代人の心性

短歌という詩型は柿本人麻呂（生没年未詳）によって完成されたと言われているが、山本健吉（1983c）によれば、人麻呂は近代の詩人たちのように個人的な感情体験を何の制約もなく歌に詠んだのではなかった。山本は、折口（1965c）の所説に従って、彼の属する共同体社会の古風な同族的連帯の意識や決まりに従って歌を詠んでいると言う。人麻呂の「香具山《かぐやま》に屍《しかばね》を見《み》て悲慟《ひどう》して作りし歌一首」を例としてあげている。

草《くさ》まくら旅の宿《やど》りに誰《た》が夫《つま》か国《くに》忘れたる家《いへ》待たまくに　（巻三・四二六）

（「草まくら」旅の宿りに、誰の夫なのだろうか、故郷を忘れて横たわっている。家族は帰りを待っているだろうに）

この歌は、行倒れの屍を見たという個人的な体験だけが人麻呂の作歌の動機づけとなったのではなく、讃岐の狭岑島《さみねのしま》で磯端に死人を見て作った長歌とその反歌（短歌）二首にも言えることであるが（万葉集巻三・二二〇－二二二）、折口の言うように「触穢《そくえ》を厭う当時の風習」と共に、「病死人の霊魂の祟り」を恐れて「慰める心」もあったとしている。つまり行路病死者の鎮魂の儀式の歌を人麻呂が作ったことになる。死者を慰める歌であるならば、臨終に際してもっとも思いを残したに違いない故郷の妻のことを詠むのは、必然のことであったと言っている。

山本は、人麻呂の歌を解釈するとき、近代人の歌のように自分の想いを重ねてはならず、自然や精霊についての古代人の心性について考える必要があるとしている。人麻呂の詩作の動機づけに古代人の心性が働いていたことは確かなことと考えられる。折口は、万葉集研究に決定的な資料がないため、『万葉集』の歌を読み解くには、歌そのものの分析と共に、文学史的見解、民俗学的推理が必要であると言っている。

（3）個人的感情の表出

柿本人麻呂以後の詩人たちは、どのような個人的な感情（動機づけ）から詩歌を詠んだのだろうか。ここでは、大伴旅人（665-731）と山上憶良（660-733）の二人を取り上げることにした。佐竹昭広他校注『万葉集』（一）（2013a）、（二）（2013b）を見る限り、旅人（六十七歳歿）の歌は六十歳からの、憶良（七十四歳歿）の歌は大部分が晩年の六年間の歌である。山本健吉（1979）は、彼らの歌は老齢者の晩年の歌であり、大陸思想（仏教や老荘思想など）に触れた教養人の歌であると言っている。

『万葉集』巻三の旅人の「酒《さけ》を讃《ほ》めし歌」(巻三・三三八－三五〇)十三首は、抒情詩の詩情が感じられるにしても、いずれも漢詩文や仏教経典からの引用と思われる語句が用いられ、知的で思想信条を詠んだものであり、[注5]心を揺り動かすような感情体験が希薄である。山本の言うように、この歌から旅人の信念や思想(老荘思想や仏教など)を取り除いたら、信念を同じくする者を除いて、この歌からどれだけ詩的な感動が得られるか疑問である。

しかしながら、旅人が大納言になり、天平二年(七三〇)十二月の帰京の途上で、亡き妻を偲んで詠んだ歌五首(巻三・四四六－四五〇)と、奈良に帰り妻のいない家は寂しく、辛いものであることを詠んだ三首(巻三・四五一－四五三)には、明らかに旅人の孤独感が表現されている。そのうちの二首をあげると、

行くさには二人《ふたり》我《わ》が見しこの崎をひとり過ぐれば心悲《こころがな》しも　(巻三・四五〇)

(往路には妻と二人で見たこの敏馬の崎を、今は一人で過ぎて行くので、心悲しい)

人もなき空《むな》しき家は草《くさ》まくら旅にまさりて苦しかりけり　(巻三・四五一)

(人もいない空っぽの家は、「草まくら」旅にもまして苦しいものであった)

これらの歌は、いつの時代でも妻を亡くした高齢の夫の誰もが感じる感情体験であり、孤独感が詩作の動機づけになっていることは注目すべきことである。

旅人が大宰師《だざいのそち》であった頃、山上憶良は筑前の国司（守）であった（六十代後半、旅人は上司）。憶良が、国司として領内の嘉摩郡《かまのこほり》を巡行中に作ったとされる歌に「或《まど》える情《こころ》を反《かへ》さしめし歌一首と序」（万葉集巻五・八〇〇）、「子等《こら》を思ひし歌一首と序」（万葉集巻五・八〇二）、「この世の移ろいやすきことを悲しんだ歌一首と序」（万葉集巻五・八〇四）の三首がある。[注6] これら三首の序、長歌、反歌（短歌）は、儒教の言う三綱・五教[注7]の教えに従って生きることを、釈迦如来の言葉を引きながら我が子への愛にまさるものはないことを、世の無常を悲しみ、仏教で言う八大の辛苦[注8]の老苦を詠っているが、これらは教訓詩となっても憶良自身の感動体験から詠まれた抒情詩とは言い難いものである。

憶良の「貧窮問答歌一首」（万葉集巻五・八九二）の長歌は、独り身と父母妻子ある農民の貧しい暮らしと嘆き、下級の徴税人である里長の人間の道理に反する行為を詠んでおり、[注9] これまで農民の暮らしをこれほど具体的に描写した歌はなかった。しかし、憶良自身の感情体験が感じられないのはなぜだろうか。山本は、折口信夫（1965a, b）の所説に依拠して、憶良の「貧窮問答歌」は音脚を整えようとしてしばしば延言[注10]を用いており、そこに「散文を韻文に言い直そうとする」不自然さがみられ、長歌がはじめから詩の形で発想されたものではないことを示していると言う。「貧窮問答歌」は詩ではなく、「経世の意図からする官人の作文という外ない」とまで言っている（『詩の自覚の歴史』第十一章山上憶良の「貧窮問答」）。憶良は、この歌の最後に「山上憶良頓首謹上す」と記しているが、佐竹昭広他（2013b）によれば筑前守を離任した後の作品であろうと言い、いったい誰に献上するというのであろうか。

次の反歌（短歌）も現実からの逃避としか思えないが、この歌から憶良の無力感・絶望感を感じとることはできる。

世の中を憂《う》しとやさしと思へども飛び立ちかねつ鳥にしあらねば　（巻五・八九三）

（世の中を厭わしい、生きているのも恥ずかしいと思うけれども、飛び立って行くこともできない。鳥ではないので）。「やさし」は痩せるほどに恥ずかしいの意味。

憶良の最晩年の歌に、名門・名族の出自でなかった憶良の心の深層を現すと考えられる次のような二首の歌がある。大納言に昇進して都に帰る旅人の力添えを願った歌に、

我《あ》が主《ぬし》のみ霊賜《たまたま》ひて春さらば奈良《なら》の都に召上《めさ》げたまはね　（巻五・八八二）

（あなたさまのお恵みを下さって、春になったら奈良の都に呼び戻して下さい）

重病になり、見舞いの使者に返答し終って、しばらくしてから、涙を拭き悲しみ嘆いて、口ずさんだという歌に、

士《をのこ》やも空《むな》しくあるべき万代《よろづよ》に語り継ぐべき名は立てずして　（巻六・九七八）

（男と生まれた身として無為に終わってよいものだろうか。後世ながく語り継ぐに足る英名を立てることもなく）

これらの短歌は、遣唐少録に抜擢され、唐の文化を学び、栄達を望みながら官途の進まなかった（筑前守・従五位下）個人的な不満や嘆きと老齢が作歌の動機づけになっている。二首ともそれらがあまりにも露骨に表現されており、抒情詩と言うことはできない。しかしながら、憶良のように個人的な欲求不満や嘆きが動機づけとなって詩歌を詠む人が現れたことは、古代人の心性から離脱した詩作態度が生じ始めたことを示している。

（4）叙景歌の成立

外界の景物に仮託して詩歌を詠むという詩作の動機づけは、どのようにして形成されたのであろうか。折口信夫（1965a）の「叙景詩の発生」によれば、叙景詩を誕生させたのは羈旅《きりょ》（旅）であり、旅での宴《うたげ》であった。柿本人麻呂が生きた時代の旅にあっては、古代の風習が繰り返され、「新室《にいむろ》のほかひ」が必ず行われ、たとえ一夜の泊であっても寿詞《よごと》を唱え、その後で直会《なおらい》の宴が行われた。宴の席では、一夜の宿とする家や周囲の景物、旅の途中での見聞、別れて来た土地、家、家人たちへの想いを同行の人たちが共に謡い、旅の不安、寂しさを共有したとしている。その旅の宴で謡われた歌から、高市黒人（生没年未詳）と山部赤人（生没年未詳）が現れて叙景歌（詩）が生まれたと言う。景観を叙景歌として詠むには、自然と対峙し観照しなければならず、詩人は土地の地名の兕（呪）力の支配から解放されねばならなかったと言っている。

折口は、人麻呂と黒人の違いを、近江の大津宮の荒廃を詠んだ次の短歌から説明している。人麻呂の短歌は、「唐崎」を擬人化し、呼び掛け、旧都の精霊の心を慰めるような動機づけがみられる。[注11]

楽浪《ささなみ》の志賀《しが》の唐崎《からさき》幸《さき》くあれど大宮人《おほみやひと》の船待ちかねつ　（巻一・三〇）

（楽浪の志賀の唐崎は、今も無事で変わらぬが、昔の大宮人の船をひたすら待ちかねている）

それに対して、黒人の短歌は、関心が自分の内面に向けられ、折口の言うように史実（現実）に向き合い、抒情詩としての描写と感動を表現している。[注12]

楽浪《ささなみ》の国つ御神《みかみ》のうらさびて荒れたる京《みやこ》見れば悲しも　（巻一・三三）

（楽浪の土地の神様の威勢が衰えて、すっかり荒れてしまった都を見ると悲しい）

さらに、折口は黒人の次の短歌に後の時代の「写生」の先駆けが見られるとしている。

住吉得名津《すみのええなつ》に立ちて見渡せば武庫《むこ》の泊《とま》りゆ出づる船人《ふなびと》　（巻三・二八三）

（住吉の得名津に立って見渡すと、武庫の港から漕ぎ出る船人は見える）

この短歌は、風景のスケッチ（写生）のような短歌であり、折口はこのような初歩的な写生は詩歌としては低い評価しかできないが、この時代にこのような短歌を詠むことができたのは黒人の才能であったとしている。そして、「情景相伴う」、すなわち感情と景色をひとつとして歌を詠んだのは黒人が初めてであったと言っている。黒人の全短歌十八首の多くは羈旅《きりょ》（旅）の短歌であり、長歌はひとつもなく、短歌こそ黒人の心情を表現するにふさわしい詩型であった。しかしながら、黒人は、次の時代の詩作態度と観照する力を素質として持っていたが、自分の詩作態度を自覚し、意識的に短歌に反映させていたとは思われないとしている。

坂本信幸（1996）によれば、次の二首は山部赤人の最もすぐれた短歌とされ、自然観照の極致、『万葉集』の叙景歌の代表作と言われている短歌である。

み吉野の象山《きさやま》のまの木末《こぬれ》にはここだも騒《さわ》ぐ鳥の声《こゑ》かも　（巻六・九二四）
（み吉野の象山の山あいの梢には、こんなにもたくさん鳴き騒ぐ鳥の声がしているよ）

ぬばたまの夜《よ》のふけゆけば久木生《ひさぎお》ふる清き川原《かはら》に千鳥《ちどり》しば鳴く　（巻六・九二五）
（「ぬばたまの」夜が更けて行くと、久木の生える清い川原に千鳥がしきりに鳴いている）

この二首は長歌の反歌（短歌）であるが、多くの反歌の例と異なり、長歌と切り離されて、赤人の心情が詠われている。山本（1983d）は、「山深い異郷の夜泊における孤独者の、寂寥感にひそみ入った静かな観照的態度が、誰の眼にも明らかに見えてくる」と言っている。しかしながら、赤人の多くの短歌は、次の「田子の浦」の短歌のように自然をイメージ豊かに絵のように描いているが、「観照に徹しきれないで詩を一つの絵様《タブロー》に仕立ててしまった。彼の精神集中力の弱さを露呈している」とも言う。

田子《た》の浦ゆうち出《い》でて見ればま白《しろ》にそ富士の高嶺に雪は降りける　（巻三・三一八）
（田子の浦から眺望の良い地点に出て見はるかすと、真っ白に富士の高嶺に雪は降り積もっている）

このような赤人の自然観照の態度が、絵画的な叙景歌（詩）を成立させ、王朝的な風雅の道を開き、その後の短歌を方向づけたと言われている。大伴家持が柿本人麻呂と山部赤人を「山柿の門」[注13]と敬慕し、『古今和歌集』の仮名序に二人の名が並べ置かれているのは、叙景歌（詩）が短歌の詩型による抒情詩を成立させたことを物語っている。

2　大伴家持の依興歌

大伴家持の若い頃の短歌に抒情詩人の片鱗を見ることができるとしても、[注14]抒情詩人としての性格が際立つようになるのは国守として越中に五年間在任（天平十八年～天平勝宝三年）した頃からであり、感興に依り詠んだ短歌（依興歌）において顕著になった。特に、『万葉集』巻十九の「越中秀吟」と「絶唱三首」は、抒情詩人としての家持の最高の作品と言われている。抒情詩人とは、孤独の意識と個人的な感情体験を動機づけとして詩作する詩人であり、多くの場合、鬱積した感情が詩作の動機づけになっている。家持の抒情詩人としての特徴は依興歌にある。そこで、はじめに「越中秀吟」を、次に「絶唱三首」について考察することにした。『万葉集』からの引用は、佐竹昭広他校注『万葉集』（五）（2015）によった。

（1）越中秀吟

『万葉集』巻十九の巻首にある天平勝宝二年（七五〇）三月一日の夕暮れから三日の朝までに詠まれた十二首は、「越中秀吟」と言われている。そのいずれもが、高揚した詩的感情状態である感興により詠まれたものである。それらの短歌は、「春の庭の桃と李の花を見わたして作った二首」は色彩豊かであり、「夜更けに鴫《しぎ》の鳴き声」をもの悲しと詠う一首もあれば、「柳の葉（柳黛《りゅうたい》）」から奈良の都大路を思い、「カタクリの花を引き折った歌一首」ではおとめたちのはなやかなざわめきを、「帰る雁を見た歌二首」では春に来る燕と帰る雁を対照的に詠い、「夜中に千鳥が鳴くのを聞いた歌二首」では夜更けに心切なく鳴く千鳥に昔の人も心惹かれたのだと想像し、「暁に鳴く雉の声を聞いた歌二首」では雉の鳴き声に隠した妻（雌鳥）がいるのだろうか問い、雉の鳴く山々にかかる朝方の霞を見てもの悲しいと詠う。三月一日の夕暮れに始まった高揚した詩的感情状態は、三月三日の朝、十二首目の「川を遡ってゆく船人の歌声を遙かに聞いた歌一首」、「朝床《あさとこ》聞けば遙《はる》けし射水川《いみづかわ》朝漕《こ》ぎしつつ唱《うた》ふ船人」（巻十九・四一五〇）で沈静化し、「越中秀吟」は終わっている。

この万華鏡を見るような「越中秀吟」の十二首の中にあって、次の二首に「もの悲《がな》し」「悲しも」とあるのはなぜであろうか。

春まけてもの悲《がな》しきにさ夜《よ》ふけて羽《は》ぶき鳴く鴫《しぎ》誰が田にか住《す》む　（巻十九・四一四一）

（春になってもの悲しいのに、夜も更けたいま羽ばたきしながら鳴く鴫よ、いったい誰の田に住んでいるのだ）

あしひきの八《や》つ峰《を》の雉《きぎし》鳴きとよむ朝明《あさけ》の霞《かすみ》見れば悲しも　（巻十九・四一四九）

（「あしひきの」峰々の雉の鳴き声が響いている朝方の霞は見るとうら悲しい）

「春まけてもの悲しきに」「朝明の霞見れば悲しも」と、家持は「悲し」を繰り返しているが、この二首からは何が悲しいのか分からない。言葉では捉え難いものであるが、心には感じられる何かである。山本健吉（1979）によれば、それは「鬱悒《いぶせ》さ」であり、少年時代に太宰府から船で都へ帰る途中に感じた「自分という存在の卑小さ、孤独さの意識」が、いよいよ強く切実に感じられるようになって来たことを意味しているという。[注15] しかし、大岡信（2015）は、これら十二首を「家持の作歌歴全体の中でも幸福な出来映えを示す作品群」と言い、作品の構成（流れ）は「格別意識的にやったのではないはずですが、しみじみとして、しかも広やかな感じが何とも懐かしく、大伴家持という歌人の最良の部分が、期せずしてここに出ている」と言っている。

それでは、この二首の「もの悲《がな》し」「悲しも」を、どのように解釈すればよいのであろうか。家持の心の底流に「鬱悒さ」の感情があるとしても、「越中秀吟」十二首の情景の多様さ、色彩の豊かさ、微かに漂う春愁の気分は、「鬱悒さ」から直接生じ得ないものである。この十二首は、家持の詩人としての豊かな感性と資質が高揚した詩的感情に突き動かされた結果であり、作歌を動機づけているものは未分化で意識化されない何かである。それゆえ、「もの悲し」「悲しも」は、家持の心の深層にある漠然とした悲愁の感情を表したものと考えられる。「越中秀吟」の呼称、作歌を誘発した要因については、鈴木武晴（1998）の論考に詳しい。高揚した詩的感情状態は、唐突に生じ、時間の経過と共に次第に希薄となり消失してしまうことは多くの詩人の詩作過程にみられる現象である。

(2) 絶唱三首

天平勝宝三年（七五一）、家持は少納言となり都に戻るが、翌年の大仏開眼の供養に何の役目も与えられていない。そして開眼供養を詠んだ歌は、なぜか『万葉集』にはない。天平勝宝四年（七五二）以後のある日、大伴一族の氏上であった大伴古慈斐が衛門督から出雲守に左遷される。これは、大伴氏の「言立」[注16]を長歌に詠んだ家持や天皇家の「内兵《うちのいくさ》」を誇りとする大伴一族の自尊心を著しく傷つける出来事であった。この出来事は、不吉な出来事の予感、それは何人にも訴えることのできない予感となった。

『万葉集』巻十九の巻末に、天平勝宝五年(七五三)二月二十三日、依興歌として次の二首が記されている。この二首と二十五日の一首を「絶唱三首」(春愁三首とも)と言い、家持の最も優れた作品とされている。

二十三日、興に依りて作りし歌二首

春の野に霞《かすみ》たなびきうら悲《がな》しこの夕光《ゆふかげ》にうぐひす鳴くも (巻十九・四二九〇)

我がやどのいささ群竹《むらたけ》吹く風の音《おと》のかそけきこの夕《ゆふへ》かも (巻十九・四二九一)

第一首は、奈良の佐保の大伴邸から遠く春日野のあたりを眺めて、霞がかかり遠くが見えないと不安な何かを訴えている。下二句の「この夕光に」と「うぐひす鳴くも」は、時間が夕暮れへと移り行き、庭のどこからか語りかけるような澄んだ鶯の声が聞こえる。遠景の不確かさと近景の静寂さの中に透通るように響く鶯の声を聞いている自分を「うら悲し」と感じている。そう感じさせるものは、漠然としていてはっきりと分からない何かなのである。

第二首の「いささ群竹」は、幹も細く葉も小さな篠竹のような竹の群がりを言い、吹く風が立てる葉ずれのかすかな音を「音のかそけき」と家持はひとり聞き入っている。折口(1995d)によれば、竹あるいは笹の葉の「さやさや」という音は鎮魂と結びついており、大伴邸の庭には多くの樹木があったに違いないが、「いささ群竹」の葉ずれの音を詠んだのには象徴的な意味があると考えられる。夕暮れが「夕光《ゆふかげ》」から「夕《ゆふへ》」へとさらに光を失い、孤独感と寂寥感を感じながら、心を鎮める群竹の葉のふれ合う「かそけき」音がはっきりと聞こえている。第二首は、第一首に続くもの（連作）として詠まれている。

家持は、二十五日に次のような短歌を詠んでいるが、なぜ二十四日ではなく二十五日であったのであろうか。それは、二十三日の依興歌二首を繰り返し読み、この依興歌の意味を自分自身に問う時間が必要であったためと考えられる。

二十五日に作りし歌一首

うらうらに照れる春日《はるひ》にひばり上《あ》がり心悲《こころがな》しもひとりし思《おも》へば　（巻十九・四二九二）

この第三首は、「うらうらに照れる春日にひばり上がり」で外界を詠み、転じて「心悲しも」と内面を詠んでいる。そして外界と内面を「ひとりし思へば」で結びつけている。のどかな春の陽射しの中、ヒバリが天空高く舞っている。天から地に目を移すと、そこには「ひとりし思へば」と何事か思う人の姿がある。鈴木武晴（1999）は、『万葉集』の「一人《ひとり》し」の用例と先行研究から「ひとりし思へば」は孤独感の表現であると言っている。それゆえ、二月二十三日の第一首の「うら悲し」という感情体験が、二十五日の第三首では「ひとりし思へば」と強い孤独感に変化している。「ひばり上がり」

は何を象徴しているのであろうか。『万葉集』にヒバリを詠んだ短歌は、鈴木によれば、この短歌が初出であり、他に二例（巻二十・四四三三、四四三四）しかなく、そのうちの一例は家持の短歌である。家持にとって「ひばり上がり」は特別な象徴的意味を持った表現と考えられる。

二月二十三日の二首の題詞に「興に依りて作りし歌」（依興歌）とあるのに対して、二十五日の第三首には「作りし歌一首」とのみ記され、次のような左注が付けられているのは、なぜであろうか。

　春日《しゆんじつ》遅々《ちち》として鶬鶊《うぐひすまさ》正に啼《な》く。悽惆《せいちう》の意《こころ》、歌に非《あらざ》れは撥《はら》ひ難《がた》きのみ。仍《すなは》ちこの歌を作り、式《もち》て締緒《ていしよ》を展《の》べき

　（春の日はのどかに、鶯は今まさに囀っている。悲しみの情は、歌なしにどうして払いのけられようか。そこでこの歌を作って憂鬱を晴らすのである）

この左注は、二月二十三日の二首にも及ぶとする説もあるが（松田聡 2004, 大岡信 2015, 佐竹昭広他 2015など）[注17]、鈴木は「日付け」の異なる短歌を「この歌」といった用例は『万葉集』にはなく、それゆえ二十五日の短歌のみを指すとしている。この短歌は、「心悲しもひとりし思へば」と主観的な感情表現が二句続けて用いられており、依興歌とは明らかに異なっている。それゆえ、依興歌とは異なる詩作態度が推測される。橋本達雄（1984）は、「これは興による歌ではなく、意識的に前を受けて構成した」としており、鈴木は橋本の所説を引用しながら、依興歌の二首は自発的創作動機により、この短歌は自覚的創作観によるとして、依興歌の二首とは詩作の動機づけが異なるとしている。

詩作の動機づけが「自発的」と「自覚的」では、詩作態度に大きな違いがある。この違いは、依興歌とそうでないものとの違いである。

二月二十五日の短歌を読み解くためには、左注にある「悽惆《せいちう》の意《こころ》」と「締緒《ていしよ》を展《の》べき」の意味を明らかにしなければならない。「悽惆」の用語は、鈴木によれば『万葉集』に他に一例あり、それは雪《ゆきの》宅麻呂《やかまろ》の短歌（巻十五・三六四四）の題詞にある。その題詞は、天平八年（七三六）、遣新羅使の船が、佐婆（周防灘）の海で急に逆風に遭い、大波にもまれて漂流したときの苦難を思い出し歌に詠んだもので、「艱難《かんなん》を追《お》ひ怛《いた》み、悽惆《せいちう》して作りし歌」の用例である。佐竹昭広他（2014）は、「追ひ怛み」は後で思い出して悲しみ、「悽惆」は嘆き悲しむの意味であると言っている。

「悽惆」の意味については、より詳しい考察がある。鈴木は、現存最古の辞書『説文解字』に「悽、心痛也」とあり、「惆」は痛み・失意を意味しており、したがって「悽惆」は痛み悲しむ心の意で、失意の状態を意味するとしている。山本健吉（1979）は、「悽」の意味を後代の『集韻』に求めて「悽、恨也」とあるゆえ、「悽」は「悲に似て、さらに哀怨の声が強く、痛いばかり、疼くばかりの悲しみ、切なる悲しみ、極度の悲しみ、悲痛というに近い」と言う。そして「惆」は『後漢書』馮衍伝の用例から「怨み悲しむさまを言い、痛心、心の疼きで、衷心、失望し、痛み、嘆き、悲しみ、悔いる」の意味であるとする。それゆえ、「悽惆の意」には悲しみに心が痛み、哀声、怨声も伴っているに違いないとしている。山本の解釈に従うならば、家持は「悽惆」をただ嘆き悲しむだけでなく、心の痛み、哀声、怨声をも伴った悲しみという新たな意味を付加したと考えられる。

「締緒」は、佐竹他によれば、家持が弟書持《ふみもち》からの贈歌に応えた短歌三首（巻十七・三九一一－三九一三）の題詞にある「鬱結《うつけつ》の緒《こころ》」（鬱屈する思い）と同じ意味であると言う。それゆえ、「締緒《ていしょ》を展《の》べき」は、鬱屈する思いを晴らすことであり、山本は排悶と言い、この用語にカタルシスとルビを振っている。それゆえ、二月二十五日の短歌は、家持の「悽惆の意」の心の痛み、哀声、怨声を伴った悲しみを晴らすための詩作であった。

（3）抒情詩の詩作態度

大伴家持が抒情詩人であることは、「絶唱三首」を孤独感と個人的な感情体験から詠んでいることからも認められる。さらに、次のような理由があげられる。家持は宮廷での詩の世界に憧れながら、結局は「孤りごころの哀傷し、捍憤《いぶせ》し、悽惆する『怨者の流れ』に行き着かざるをえなかった」と山本（1979）が書いているように、家持はその本質において失意の詩人であり、孤独の意識と鬱積した感情を持ち続けた詩人であった。大岡信（2015）は、「越中秀吟」と「絶唱三首」の十五首が「明治中期以降の近代短歌の多くの作者たちが、孤独に沈潜しつつ歌おうとした境地にきわめて近いところにあった」と言っている。「絶唱三首」の第三首の左注について、大岡は「たまたま家持のこの時の心理状態を自ら述べたものですが、期せずして、年代を問わず抒情詩一般が生み出される時の心理を言い表し得た言葉として、注目される言葉です」と、家持を抒情詩の本質的な特徴を具備した詩を詠んだ詩人であるとしている。家持の孤独感が近代人のそれと同じでないにしても、家持は自分が生きた時代をはるかに越えた詩人であったことは確かである。

「絶唱三首」は、いずれも孤独感と個人的な感情体験である感興による短歌であるが、その内の二首を「興に依りて」(依興歌)と言い、他の一首を「作りし歌」と言っているのは、なぜであろうか。この違いについての考察は、抒情詩の詩作態度を考察するときの有力な手掛かりになると考えられる。

詩が興により作られることは、『論語』陽貨篇十七の九に「詩可以興」とあり、興は「比喩と連想による婉曲な表現、暗喩」「詩が感情の表現であるゆえにもつ特殊な自由さとしての比喩、あるいは感情の興奮」(吉川幸次郎 1996)を意味している。[注18] 詩は、詩人の個人的な感情体験の表現であるのに、家持はなぜ「絶唱三首」の第一・二首の題詞に「興に依りて」と記したのであろうか。

佐竹昭広他 (2015) によれば、「興に依りて」は家持の歌の題詞・左注の九例にみられ、[注19] その意味は「実際の見聞に基づくことではなく、何らかの物や事を想像して得られた感興に依ること」(巻二十・四四六三の注)と説明している。橋本達雄 (1984) は、「興に依りて」という自注のある歌は、「いずれも家持の感興が、前後の作品の内容とか背景とかかかわりをもって湧いたときにつくられていながら、制作の流れのうえからみると題材的に、時間的に唐突感のある場合にのみ付されている」と言う。そして、これらの歌を詠んだ動機づけについて、橋本は次のように指摘している。「家持の歌心は、なにごとか背後の事情に触発され、それを契機として湧くことが多かった。しかし、この場合はそれと指摘できるものはなにもなく、歌にもその痕跡をとどめていない」と。

依興歌は、宴や相聞の歌のように詩作の動機づけがあって詠まれたものではなく、純粋に詩的感情体験(感興)により詠まれた短歌である。それは、意識化され得ない心の深い層からふつふつと湧き上がる詩的感情に言葉を与えたものである。それゆえ、「春の野に霞《かすみ》たなびきうら悲《がな》しこの夕光《ゆふかげ》にうぐひす鳴くも」（巻十九・四二九〇）の「うら悲し」が何か分からないことも、詩作過程に「唐突感」があり、作歌の動機づけの契機が分からないのも（橋本）、作歌が「自発的」としか言いようがないのも（鈴木）そのためである。

それに対して、「絶唱三首」の第三首「うらうらに照れる春日《はるひ》にひばり上《あ》がり心悲《こころがな》しもひとりし思《おも》へば」（巻十九・四二九二）には「作りし歌一首」と題詞にあり、左注に作歌の動機づけについて記されている。依興歌の「うら悲し」の理由はなぜか分からないが、この短歌では「心悲しも」が「ひとりし思へば」と説明されている。第三首は、「意識的に前を受けて構成した」（橋本）ものであり、作歌が「自覚的」（鈴木）で、意識的である。それゆえ、第三首は、依興歌の二首とは詩作の動機づけが明らかに異なっている。

「絶唱三首」は、二つの異なる詩作態度により詠まれている。二月二十三日の依興歌の二首はユング（1966）の言う「幻想的」（ヴィジョナリー）詩作態度により、二十五日の一首は「心理的」詩作態度によると考えられる。「幻想的」詩作態度の動機づけは了解し難いが、「心理的」な詩作態度は個人的な体験や衝撃的な出来事、情熱や運命などが詩作の動機づけとなり、詩人は意識化された体験を詩に詠むゆえに、その体験も詩作過程も了解することができる。家持は、日本において二つの異なる詩作態度により抒情詩を詠んだ最初の詩人であった。

短歌の連作にあって、二つの異なる詩作態度が認められることはきわめて稀である。しかし、西洋の詩歌にあってはイギリスのロマン主義の詩人コールリッジ（Coleridge, S. T.）の詩「クブラ・カーン」（Kubla Khan）のように、日本の現代詩にあっては大岡信（1968）の「わが夜のいきものたち」

のように、ひとつの詩が二つの異なる詩作態度により書かれた例がある。そして「絶唱三首」、「クブラ・カーン」、「わが夜のいきものたち」は、いずれもはじめに幻想的詩作態度により、次に心理的詩作態度により詩が書かれており、詩人の詩作の動機づけを理解しようとするとき有力な手掛かりになる。なお、ユングの詩作態度については、本書の第4章「詩歌と了解心理学的方法」において詳しく考察している。

＊

家持は、天平宝字二年（七五八）、左遷に等しい因幡の国守を命じられる。家持が送別の宴と翌年の正月に因幡の国庁で詠んだ二首を以て、『万葉集』は終わっている。[注20]『万葉集』の最後の歌以後、家持が延暦四年（七八五）六十八歳で歿するまで、その間の歌を見た人は誰もいない。[注21]死後二十余日にして謀反に加担したとして罪に問われ、名誉を回復したのは二十一年後であった。

折口信夫（1966）は、家持の人物像を「一生立つ瀬のない、煮え切らない生活をしたらしい、平安朝の、寂しい何か物足らない、空虚な生活をした人達の、前触れのやうな人」と評しているが、抒情詩人である家持にはそのように感じさせる何かがあることも確かである。しかし、家持は、『万葉集』を閉じた後、政争が繰り返されている官界で二十六年も生き、中納言従三位となっており、歌詠みの家持とは異なる強い意志がそこにはあったのではないだろうか。

第3章　日本最古の詩歌療法の事例

詩歌療法とは、詩歌を詠み、読むことで鬱積した感情を解き放し、情緒を安定させ、混乱した思考にまとまりを与え、自分や世界についての見方を変え、自己を再形成できるように援助する心理療法である。

このような詩歌療法の最も古い事例が、『万葉集』巻十七に大伴池主と大伴家持の間で交わされた手紙と詩歌に見ることができる。抑うつ感情と孤独感を癒すために、池主のように詩歌の心理的な効果を自覚し、意識的に詩歌を用いた事例は、これ以前にはなく、『万葉集』におけるこの事例が最初と考えられる。『万葉集』の詩歌（長歌と短歌）と手紙の口語訳は、佐竹昭広他校注『万葉集』（四）（2014）から引用した。

1　大伴家持の抑うつ感情と孤独感

大伴家持は、天平十八年（七四六）から天平勝宝三年（七五一）までの五年間越中の国守であった。赴任して間もない九月二十五日にただ一人の、仲のよかった弟書持《ふみもち》の死の知らせを聞いて、長歌「長逝《ちやうせい》せし弟《おとうと》を哀傷《あいしやう》せし歌」（この世を永遠に去った弟を哀しみ傷んだ歌　巻十七・三九五七）を詠んでいる。その内容は、次のようである。

（口語訳）勅命を受けて赴任するとき、見送りに来た弟に、私は元気で帰って来よう、無事で待っていてくれ、と言った。・・・遠く離れた地で逢いたいという思いをつのらせていたので、使いが来たのを喜んで待ち受けていたが、思いもかけぬ訃報に耳を疑った。痛ましや、わが弟よ、どうしたのか、死ぬにしても別の時もあろうに、なぜ今なのか。いつも花をめでて庭に立ち出でていたのに。佐保山に火葬する白雲が立ちたなびいたと聞いた。

その短歌「遥《はる》かに弟《おとうと》の喪《う》せしこと聞《き》きて感傷《かんしやう》して作りしもの」（弟の亡くなったことを遥かに伝え聞いて、悲しみのあまり作ったもの）は、次の二首である。短歌も弟を喪った悲しみと後悔の感情に充ちている。

ま幸《さき》くと言ひてしものを白雲に立ちたなびくと聞けば悲しも　（巻十七・三九五八）
（元気でいてと言っておいたのに、白雲となって立ちたなびいたと聞くと悲しいことだ）

かからむとかねて知りせば越《こし》の海の荒磯《ありそ》の波も見せましものを　（巻十七・三九五九）
（こうなるとあらかじめ知っていたら、越しの海の荒磯の波も見せてやるのだったのに）

家持は、弟書持の死の知らせから翌年二月二十日までの約半年の間、十一月に大伴池主[注1]が公務を終えて都から帰任したときの宴席での短歌二首以外、長歌も短歌も詠んでいない。正月の祝歌もないゆえ、家持はおそらく天平十八年の暮れから生死の境を彷徨うような重い病に罹っていたと考えられる。天平十九年（七四七）二月二十日の長歌（巻十七・三九六二）の題詞に「忽《たちま》ちに枉疾《わうしつ》に沈《しづ》みて殆《ほとほ》と泉《せん》路《ろ》に臨《のぞ》む。仍《すなは》ち歌詞《かし》を作りて以て悲緒《ひしよ》を伸《の》べし」（にわかに悪疾に罹ってあやふく死路におもむくところであった。そこで歌詞を作って悲しみの心を詠んだ）と書いているからである。

長歌には、どうしようもなく無力感に陥っている様子が次のように描写されている。

（口語訳）大君の仰せのままに、（着任して）年月も幾らも経っていないのに、ぐったりと床に倒れ伏して苦しみは日ごとにつのるばかり。・・（略）・・（奈良の都へは）道が遠いので使いの者を遣わすすべもない。心に思うことを伝言することもできない。（母や妻を）恋しく思うので心は燃えるように熱くなる。命は惜しいけれど、どうしてよいか手立てもわからず、このようにして堂々たる男子さえも、・・・嘆き伏していることだろうか。

短歌は、次の二首で、短歌の左注に「越中国守《えつちうのくにのかみ》の館《むろつみ》に、病《やまひ》に臥《ふ》して悲傷《ひしやう》し、聊《いささ》かにこの歌を作りしもの」（越中国守の館に病に伏して悲しみ傷み、まずはこの歌を作った）とある。

世の中は数《かず》なきものか春花《はるはな》の散りの紛《まが》ひに死ぬべき思《おも》へば　（巻十七・三九六三）

（世の中ははかないものだ。春の花の散り乱れる中で死ぬのだと思うと）

山川《やまかは》のそきへを遠《とほ》みはしきよし妹《いも》を相見《あひみ》ずかくや嘆《なげ》かむ　（巻十七・三九六四）

（山川の隔たること遠い所なので、いとしい妻に逢うこともできず、こうして嘆くばかりか）

春の花の盛りなのに重い病に罹り、死が思い浮かび、妻に逢えないことを嘆いている。その時の心細さ、人の世のはかなさ、死への不安、孤独感の記述は、抑うつ的な感情状態にあったことを示している。孤独感とは、通常、人とのつながりを求めても得られないという心理状態を言い、家持は都から遠く離れた越中の国にあって孤独感を強く感じていた。

2　大伴池主の詩文と家持の反応

天平十九年（七四七）二月二十九日から三月五日まで、家持と池主との間で互いに三回の手紙と詩歌の贈答が行われた。家持の抑うつ感情と孤独感は、手紙、長歌、短歌に繰り返し表現されているが、池主からの手紙と詩歌により慰められ励まされて次第に消失していった。次に、その過程を詳しく検討したい。

（1）二月二十九日　家持の病状の訴え

家持は、池主に宛てた手紙と短歌に病状を次のように記している。

（口語訳）突然ひどい病気に罹って何十日も痛み苦しみました。諸神に祈ってようやく癒えようとしています。しかしながらなおも身体はうずき疲れ、筋力も弱ったままです。‥（略）‥（春の時節なので）そぞろ浮き立つ気持はあっても、杖を突いて出かける力はありません。ただ一人部屋の帳の中に臥して、ともかくも取るに足りぬ歌を作りました。

無気力な状態を生じさせた直接の原因は重い病であった。無気力は、抑うつ感情の主症状のひとつである。家持の短歌は、次の二首である。

春の花今《いま》は盛《さか》りににほふらむ折りてかざさむ手力《たぢから》もがも

（春の花は今を盛りと美しく咲きほこっているだろう。折って髪に挿す力が欲しいものだ）（巻十七・三九六五）

うぐいすの鳴き散らすらむ春の花いつしか君と手折《たを》りかざさむ

（鶯が囀り散らしている春の花を、いつになったら君と一緒に手折って髪に挿せるだろう）（巻十七・三九六六）

短歌は、「（花を）折って髪に挿す力が欲しい」「いつになったら」と、体力も気力も萎えてしまったと嘆き、抑うつ状態にあることが分かる。「取るに足りぬ歌」を作ったから読んで欲しいと訴えている。

（2）三月二日　池主から家持への手紙と短歌

池主は、家持に宛てた手紙に次のように書いている。

（口語訳）思いがけずにお手紙を頂戴すると、その文章は雲を凌《しの》ぐような高調。その上に歌をお示しくださって、それは言葉の林に錦を広げたようです。・・（略）・・本当に楽しむべき春。私たちは君子の交わりをして膝を近づけ、互いに気持が通い合って言葉も必要ありません。・・

（略）・・私の粗末な詩歌をもってあなたのすばらしい歌に、ほんのお笑いぐさとして差し上げる次第です。

池主は、家持からの手紙を非常に格調が高く、美しく優れた文章であると過剰なほどに誉め称えている。そして、私たちは言葉も必要がないほど気持が通い合っていると、家持の孤独感を和らげ、気持（自我）を支えようとしている。

池主の短歌は、次の二首である。

山峡《やまがひ》に咲ける桜をただ一目《ひとめ》君に見せてば何をか思はむ　（巻十七・三九六七）

（山間に咲いている桜を、一目だけ君にお見せしたら、それ以上に何を思いましょうか）

うぐひすの来鳴《きな》く山吹《やまぶき》うたがたも君が手触《ふ》れず花散《ち》らめやも　（巻十七・三九六八）

（鶯の来て鳴く山吹は、まさか、あなたの手に触れないままに花が散るものですか）

短歌には、あなたに桜の花を少しでも見せたい、山吹はあなたの手に触れないまま散ることはないと語りかけている。

（3）三月三日　家持から池主への返事

家持は、池主への手紙、長歌、短歌に次のように記している。詩文の友であるが、下僚である池主への尊敬・謙譲表現から池主の手紙が余程うれしかったことが分かる。

（口語訳）あなたの包容の徳は、・・（略）・・いたらぬ我が心にも慰めの言葉を返してくださいました。頂戴したご厚意の重さは、はたして何に譬えられましょうか。・・（略）・・若くして山柿の門に学ばず、歌を作る際には多くの言葉の林の中を迷うばかりです。・・（略）・・。

長歌（巻十七・三九六九）には嘆き悩む心を抱えて家に閉じ籠っている様子を、次のように詠んでいる。

（口語訳）大君の命令のままに越の国を治めようと出て来たますらおの私さえ、世の中は定めないので、ぐったりと床に臥し、痛みが日ごとに増さるので、悲しいことをこれで思い出し、つらいことをそれで思い出し、嘆く心が安らかでなく、思う心が苦しいのに、・・（略）・・家にこもって思い嘆き、心の慰むこともなく・・（略）・・。

このように抑うつ状態にあることが書かれている。そして「案じてくださるあなたの心がうれしくて、昨夜は一晩眠りもせず、今日も一日恋い暮らしています」と、私のことを思ってくれるあなたの心がうれしいと、池主を身近に強く感じている。
家持の短歌は、次の三首である。

あしひきの山桜花《やまさくらばな》一目《ひとめ》だに君とし見てば我《あれ》恋ひめやも　（巻十七・三九七〇）

（「あしひきの」山に咲いている桜花を、一目だけでもあなたと見られたら、こんなに恋しく思うでしょうか）

山吹《やまぶき》の繁《しげ》み飛《と》び潜《く》くうぐひすの声《こゑ》を聞くらむ君はともしも　（巻十七・三九七一）

（山吹の茂みを飛び交う鶯の声を聞いているあなたがうらやましい）

出《い》で立たむ力をなみと隠《こも》りゐて君に恋ふるに心どもなし　（巻十七・三九七二）

（外出する力がないので、家にこもったままあなたを恋しく思っていると、心もうつろです）

これらの短歌には、池主と一緒に桜花を見、鶯の声を聞きたいと思うが、逢うことのできない家持の気持が表現されている。二十九日の手紙には、体力も気力も萎えていると嘆いていたが、この日の短歌三首には「あなたと見られたら」「あなたがうらやましい」「あなたを恋しく思っている」と気力が少しずつ回復している様子が認められる。

（4）三月四日　池主から家持への七言詩とその序文

七言詩の序文に、晩春の三日（陰暦の三月最初の巳の日）の野遊びの様子を書き送っている。

（口語訳）暮春の美しい景色に誘われて郊外の川べりに出かけました。・・（略）・・しかし今日残念なことは、ここに徳星（注・賢人の譬え）のごときあなたを欠くことです。あなたの麗しい文章がなくては、この野遊びの興をいかに書き表せばいいでしょうか。とりあえず拙い筆を駆って四つの韻字を並べた次第です。

七言詩の内容は、晩春の景色を愛で、酒を酌み交わし、陶然として時を過ごした、と詠ったものである。池主は、ここでも家持の詩文の才を過剰と思える程に誉めている。家持の気持（自我）を支え、気力を回復させせようとする意図が認められる。

（5）三月五日　池主から家持への手紙、長歌と短歌

池主は家持に宛てた手紙に、「昨日は拙い思いを述べ、今朝またお目を汚します。・・（略）・・（あなたの）秀れた才能には星の精気が感じられ、すばらしい文の調子は人に抜きんでたものがあります」と書いている。そして春の野に出かけるように勧めている。

その長歌（巻十七・三九七三）は、次のようである。

（口語訳）大君のご命令を謹んで承り、山も・・・野も妨げにならず、鄙さえ治めるますらおが、どうして物思いなどするものですか。・・（略）・・山辺では桜の花が散り、かお鳥（未詳）しきりに鳴いております。・・（略）・・さあ見に行きましょう。・・（略）・・。

池主の短歌は、次の二首である。

山吹《やまぶき》は日《ひ》に日《ひ》に咲きぬ愛《うるは》しと我が思《あ》ふ君はしくしく思《おも》ほゆ　（巻十七・三九七四）

（山吹は日ごとに咲いています。すばらしい方だと私が思うあなたがしきりに思い出されます）

わが脊子《せこ》に恋ひすべながり葦垣《あしかき》の外《ほか》に嘆かふ我《あれ》し悲しも　（巻十七・三九七六）

（我が脊子が恋しくて仕方がなくて、葦垣の外に離れて嘆いている私は悲しい）

池主は、家持を「（あなたを）すばらしい方だと思う」「あなたが恋しい」と慰め励まし、「我が脊子」と親しさを表現している。これは、主観的に人とのつながりがないという孤独感を癒す確かな方法である。長歌が春の野に出かけるように勧めているのは、春は草花が芽吹き自然の生命力を感じさせるゆえに、抑うつ的な気分から回復させる適切な対処の仕方であったと考えられる。

（6）三月五日　家持から池主への返事

三月四、五日の池主からの手紙と詩歌に対する家持の返事の手紙には、

（口語訳）昨晩の使者によりありがたくも晩春遊覧の詩を下さり、・・（略）・・玉のような文章を一たび拝見すると、心の屈託はやや忘れられ、秀れた句を再び吟じて、もはや愁いは消え去りました。・・（略）・・このように風光を眺め楽しむことなしには、誰が心をのびのびと解き放つことができましょう。・・（略）・・。

すばらしい文章を読み、詩歌を声に出して読むことで、鬱屈した気分も愁いも消え去ったと言っている。手紙に添えられた七言詩の内容は、「あなたは友を呼んで曲水の宴を新たに開き、・・（略）・・その楽しい宴に（私も）加わりたいものだが、いかんせん、病気のために脚はよろよろ、歩みもおぼつかない」と、軽妙な表現に数日前のような嘆きは見られない。

家持の短歌は、次の二首である。

咲けりとも知らずしあらば黙《もだ》もあらむこの山吹《やまぶき》を見せつつもとな　（巻十七・三九七六）

（咲いているとは知らずにいたら黙って済ませたのに。この山吹をむやみに私に見せて）

葦垣《あしかき》の外《ほか》にも君が寄り立たし恋ひけれこそば夢《いめ》に見えけれ　（巻十七・三九七七）

（葦垣のすぐ外まであなたが立ち寄って恋うたので夢に見えたのですね）

「咲けりとも・・・」の短歌は、山吹の花を見舞いに届けてくれたが、知らずにいた方がよかった、と軽い恨みごとを言っている。「葦垣の外にも・・・」の短歌では、あなたが私のことを思って下さったので夢に見たのでしょうね、[注2]と池主の思いやりに感謝している。

この歌をもって家持と池主の間の手紙と詩歌の贈答は終わっている。家持は、越中掾で下僚であるが詩歌の友である池主の手紙と詩歌に慰め励まされ、同時に自らも詩歌を繰り返し詠むことで、弟書持の死と自身の重い病から生じた抑うつ感情と孤独感から解放され、自分を取り戻した。このようにして家持は精神的な危機を脱した後、しばらくの間、孤独、悲歎、不安を表現した短歌は見られなくなった。

3　詩歌療法による考察

家持に抑うつ感情と孤独感を生じさせた原因は、弟書持の突然の死とかなり長い間続いた重い病にある。弟書持の死の知らせから後約半年の間、二首の短歌しか詠んでいない。それも十一月に池主が公務を終えて都から帰任した宴席での短歌だけである。

池主は、家持の抑うつ感情と孤独感を手紙と短歌により癒そうとした。はじめに家持の手紙の文章と短歌を誉め称えることで気持（自我）を支え、次に春の景色を詠んだ短歌を届けることで、家持の内に籠りがちな心を外界に向けさせようとしている。手紙に添えられた短歌は、感情豊かに表現された短歌であり、繰り返し読まれたゆえにその意図が効果的に伝えられたと考えられる。そして池主の働きかけに応えて、家持も詩歌を詠むことで鬱積した感情を解放し、抑うつ状態から脱した。これは、互いにすぐれた歌人（詩人）であればこそできたことである。この事例は、おそらく日本における最初の詩歌療法の事例と考えられる（池主の詩論については、第1章「4　万葉集——大伴池主」を参照）。

第4章　詩歌と了解心理学的方法

詩は、読む者の心にどのようにして届くのであろうか。詩が分かるとは、どういうことなのだろうか。この問いに答えるためには、了解とは何かを問題にしなければならない。

了解を認識の方法として明確にしたのは、ディルタイ（Dilthey, W.）であり、了解とは感性的に与えられた表現や記号から、その背後にある内的な精神を追体験して認識する方法であるとした。一般的には、了解は他の人の心の状態を心情において分かることであり、追体験や感情移入[注1]とほぼ同じ意味に用いられている。しかしながら、追体験は他の人の体験を追いかけ自己の中に写し取ることであり、感情移入は自分の感情を投影して解釈することで了解と同じではない。そこで、はじめに了解的方法とは何かを、次に詩歌における了解について検討することにした。

1　了解的方法とは

ヤスパース（Jaspers, K.）は、『精神病理学総論』[注2]（*Allgemeine Psychopathologie*. 1965）の第二部、精神生活の了解的連関（了解心理学）において、了解とは何かを詳細に考察している。ヤスパースは、「心的なものを他の心的なものから発生的に了解する」と言い、了解を心的なものの内からの因果性あるいは心理学的説明と言っている。そして、次のような例をあげている。「攻撃された者は怒り反撃する、欺かれた者は疑い深くなる」。このように心的なものが、他の心的なものから分かれて生じることを発生的と言い、発生的了解は心的なものの因果的（原因 - 結果）説明の仕方であると言う。

発生的了解は、いかなる媒介もなしに直接人の心に確実なものとして現れるもので、発生的了解の明証性はそれ以上追求できない自明なものであると言っている。この明証性は、自然科学において観察された事象（資料）を保証する知覚の現実性と同じである。それゆえ、了解の明証性は、経験を繰り返すことによって得られるものではなく、直接的確実性に基づくとしている。この了解を心的現象の説明に用いるのが了解心理学である。

自然科学においては、観察や実験により資料を収集して、再現性が保証された事象に一定の規則性を見出し、因果関係を定式化し（多くは数式化）、一般化することで事象を説明することが唯一の説明の仕方である。しかし、人間の心を対象とする心理学では、了解も自然科学的説明も共に説明の方法として用いられる。

ヤスパースは、心の機制（メカニズム）を意味するとき心理学的と言い、発生的了解を心理学的了解と言っている。この心理学的了解には、動機的連関の了解と状態の了解の二つがあり、動機的連関の了解は心的なもの（事象）の発生（因果関係）の了解であり、状態の了解は感情的了解あるいは感情移入的了解である。

了解は資料を集め、直観と洞察を繰り返し、想像力を用いて個々の心的なものを全体に関係づけねばならないゆえに、ヤスパースは了解の深さは了解する人の人格の問題であると言う。そして了解は、人格を媒体として行われるゆえに人により異なる。しかしながら、了解には方法上の原則と言えるものがあり、ヤスパースは『精神病理学総論』において次のような原則をあげている。
① 経験的な了解は解釈である。客観的事実としての表現、作品、行為などの了解的連関（心理学的説明）は、ひとつの仮説に基づいて行われる。仮説は客観的な事実と順次照合されて解釈の確実性を増すが、他の解釈も可能なゆえに、経験的な了解はひとつの解釈にすぎない。
② 了解は円環状をなして行われる。了解は、ばらばらな了解から全体の了解へ進み、そして全体の了解から個々のものの了解へと繰り返される。その結果、了解はより豊かで明瞭なものとなるが、最終的で疑問の余地のない了解に達することはない。
③ 正反対のものも同じように了解可能である。貧しく弱い者は、裕福で強い者に悪意や憎悪を抱き嫉妬や復讐心を持つという了解も、自分に誠実で、思いやりと純粋な心を持つというまったく逆の了解も可能である。あるひとつの了解が自明であると、それを真実であると思い込んでしまうが、こ

れは根本的な誤りのひとつで、現実の人間の客観的で意味のある事実を全体に結びつけることをおろそかにしたからである。

④了解の終わり（終点）を予測することは不可能である。了解可能なものは、了解不能なものと境を接しており、たとえば衝動は、それ自体は了解不能なものから生じている。それゆえ、了解可能なものは、それ自身では決して完結することがない。したがって、終わりを予測できない。しかし、人間の行動の予測は、経験的にできるし、運命を共にしている者には確実なものとして予測が可能である。

⑤解釈の可能性には限界がない。神話、夢、精神病者の語る話の内容は限りなく解釈が可能である。なぜなら、あらゆる象徴の解釈には限界がないからである。解釈がいくつもあるということは、次第にある一定の見解に到る過程にあることを意味する。了解が真実か否かは、直観性、関係性、精神的な深み、豊かさなど自然科学的認識とは異なる規準に従う。それゆえ、了解は、自然科学的認識からすれば、その時々の単なるひとつの提案にすぎないとみられる。

了解の問題は心理療法に共通するものであるが、詩歌療法においては特に了解的な方法の自覚的な使用が求められる。なぜなら、詩歌療法は詩を用いた心理療法であり、詩はその性格ゆえに、詩に詠まれた比喩や詩語を読み解かねばならず、詩の意味をどのように了解するかは、読む人の人格が深くかかわっているからである。ヤスパースは、了解を自己の存在の意味を解き明かす行為であると言っている。

2 詩歌への了解的方法の適用

詩人で批評家でもあったリーヴズ[注3]（Reeves, J. 1965）は、詩は「感じられる思想」、「感覚による認識」であり、詩が論理的理解を求めるものであるならば、詩である必要はないと言っている。詩は、比喩（隠喩や換喩など）や詩語、感覚的に把握できるイメージを用い、概念による思考以前の言葉の状態に導くとも言う。それゆえ、詩を読むには、言葉に直接表現されていないものを想像力を働かせて思い浮かべ、詩人の感情体験を自分の内に再現させ、追体験しなければならない。詩の言葉から、詩人の感情体験と詩に詠まれている事象を心情において分かるためには、状態の了解（感情的あるいは感情移入的了解）と動機的連関の了解（動機づけの了解）の二つの了解が必要である。そこで、はじめに詩歌における状態の了解を、次に詩歌における動機的連関の了解について検討することにした。

（1）詩歌における状態の了解

詩が心情において分かるために、ヤスパースの言う状態の了解、感情的あるいは感情移入的了解を必要とするのは詩の言葉の使用にある。鴨長明は、『無名抄』において、詩の言葉にはいくつもの見方と余情《よせい》豊かな感情が込められ、未知の世界をイメージする言葉の使用があると言っている。[注4]その言葉とは、感情的色彩に彩られた言葉であり、比喩と詩語である。

詩は、比喩を読み解かなければ了解できない。たとえば、中原中也（1967）の詩「汚れつちまった悲しみに」の一節「汚れつちまつた悲しみは／たとへば狐の皮裘《かはごろも》」の比喩（換喩）は、了解が容易ではない。詩には、一定の感情や連想を呼び起こす詩語がある。たとえば「秋の夕暮」や「秋夕《あきのゆふべ》」のような言葉である。川本皓嗣（1991）は、『日本詩歌の伝統』において、秋の夕べには人を寂しい思いにさせるものがり、夏から冬へ、成長から枯渇へ、光から闇への移行の季節としての秋に、そして昼から夜へ移り変わる夕暮れに、誰しも衰徴への予感、それに伴う悲哀感を感じるのはごく自然な感情であると言う。しかし、これは日本の文化と伝統であって、英語の「秋の夕べ」(autumn evening) にも、フランスのロマン派や象徴派の詩にも寂寥悲哀を連想させるものはないと言っている。

日本の詩歌には、特有な詩語である枕詞と季語がある。これらは、詩作において重要な役割を果たしている。枕詞は、短歌に特徴的な修辞法で、「あおによし」は奈良の、「あしひきの」は山の、「たらちねの」は母の枕詞である。近藤信義（1996）は、枕詞を伴うことで語句の持つ固有の存在感を示すことができるとしている。たとえば、「あしひきのやま」は単なる山一般を指しているのではなく、詩人にとって「特定の山のイメージが描かれている」とする。同じように「ぬばたまのくろかみ」も女性一般の髪を指しているのではなく、詩人にとり「特定の対象の若く美しい髪」を意識して表現しているとみるべきであると言う。

季語は、連歌、連句、俳句に用いられる修辞法で、単に季節を指す語ではなく、特有な余情を伴う詩語である。森澄雄（2009）は、『俳句への旅』で石田波郷の俳句「雁《かりがね》や残るもの皆美しき」の雁は仲秋の季語であるが、この句の雁は単なる即事実的な季物ではなく、「詩歌の伝統の中でしばしば詠われてきた、もっともなつかしきもの、はるかなるものの象徴」であると言う。波郷は、この句が「留別」（旅立つ人が、あとに残る人に別れを告げること）の句であり、自注に「昭和十八年九月二十三日召集令状来。雁のきのふの夕とわかちなし、夕映えが昨日の如く美しかった。何もかも急に美しく眺められた。それら悉くを残してゆかねばならぬのであった」（『病鴈』）と記している。このように詩は、ヤスパースの言う状態の了解、すなわち感情的あるいは感情移入的了解を必要としている。

（2）詩歌における動機的連関の了解

鴨長明は、『無名抄』において「心がひどく思いつめる」ような状態になると自然に歌は詠まれると言い、イギリスの詩人ワーズワス（Wordsworth, W.）は強い感情状態（パッション・興奮状態）において感情と言葉が結合して詩は作られると言っている。[注5] 鬱積した感情が詩作の動機づけになることは、日本の現代詩の詩人たちの詩作についても認められる。西脇順三郎・金子光晴監修『詩の本』第二巻（1967）の「私の作詩法」に執筆している十一人に宋左近を加えた現代詩の十二人の詩人について、それぞれの詩人にとって代表的な詩あるいはその後の詩の出発点になった詩の詩作の動機づけを検討したところ、[注6] 詩人に詩を書かせた動機づけには二種類あることが認められた。

ひとつは、孤独、寂しさ、絶望感、不信などのネガティブな感情である。もうひとつは、あたかも意識下の原体験のようなものが湧き上がってくる詩的感情の興奮状態としか言いようがないものである。フランスの象徴主義の詩人ヴァレリー（Valery, A. P. 1939）は、「詩と抽象的思考」において自分の詩作体験から詩作には二つの異なる動機づけがあるとしている。ひとつは、詩的感情の興奮状態としか呼びようのないものであり、もうひとつは、ある観念が突然浮かんできて、知的懐疑「なぜ」の対象となり、詩が書かれる場合である。

ユング（1966）も、詩作に二つの異なる動機づけがあるとしている。ユングは、「心理学と文学」（初版 1930）において詩作の動機づけに「心理的」と「幻想的」（ヴィジョナリー）の二つの詩作態度があるとしてかなり詳しく説明している。

「心理的」と名付けられた詩作態度においては、詩の素材、言葉、文体、修辞法、詩型が詩人の意図をより効果的に表現するために取捨選択されて詩が書かれる。詩作を動機づけるものは、日常の個人的な感情体験や出来事、情熱や運命などであり、詩の素材がたとえ非常に希有な体験であったとしても、その詩は心理的に了解することが可能であり、詩作過程も了解することができる。ユングによれば、抒情詩の多くはこの詩作態度により書かれ、シラー（Schller, J. C. F.）はこのような詩作態度により多くの詩を書いているという。[注7] これに対して、「幻想的」と名付けられた詩作態度においては、詩人の意図とも意志とも無関係に、洪水のように言葉とイメージが溢れ出てきて詩が書かれる。心の深層にあって人間の理解力では到底捉えられない「原初的体験」が言葉に置き換えられる。この原初的体験は、永遠の深みから「魅惑的で、悪魔的で、グロテスクなもの」「永遠のカオス（混沌）の恐ろしい錯乱」「私たちの理解を超えた啓示」「決して言葉で表すことのできない美」として体験される。この圧倒的な「幻想」に導かれて詩が書かれるゆえに、「幻想的」な詩作態度と言っている。

「心理的」と「幻想的」の二つの詩作態度がひとつの詩の中に認められる詩がある。それは、コールリッジの詩「クブラ・カーン」と大岡信の詩「わが夜のいきものたち」である。詩「クブラ・カーン」の前半は、コールリッジがパーチャス（Purchas, S. 1575-1626）の『旅行記』を読みながら、椅子に座ったまま眠ってしまい、夢の中で見た中国・元の皇帝クブラ（フビライ）が建設を命じた壮麗な宮殿のイメージが描かれている。そのイメージは、「実体」として目の前に現れ、詩の行にして二〇〇～三〇〇にもなったと言う。目覚めた後、それをそのまま書き記したが、途中で来客があり中断された。その後はどうしても思い出すことができなかったと言っている。詩の後半は、ダルシマー琴を抱えた乙女が奏でる音楽によって空中に歓楽宮殿を築きあげる詩が書かれている。このわずか五十四行の幻想的な詩は、詩の副題に「夢の中のヴィジョン、断片」とあり、前半と後半を統一的に解釈することが困難な詩とされてきた。それは、この詩の前半の三十六行が「幻想的」な詩作態度により、後半の十八行が「心理的」な詩作態度により書かれているからである。

同じような詩作過程が、大岡の詩「わが夜のいきものたち」にも認められる。大岡信（1968）は、論考「言葉の出現」（雑誌『文学』第三六巻）において、ある日、夕日を背に薄暗くなって行く部屋で一冊の古ぼけた写真集を見ていたとき、「自分の内部から言葉が妙な具合に沸きたっている気配」を感じた。次々に現れては消えてゆくイメージに言葉を与えはじめた。そうして一時間ほどで一八七行の詩の原型というべき「断章」ができあがった。この「断章」を基にして詩「わが夜のいきものたち」が書かれた。この詩の前半は「断章」の特異な感情状態による詩句が多く認められ、後半は詩人の意識的な思考が大きく働いて詩が書かれている。[注8]

コールリッジの詩「クブラ・カーン」と大岡の詩「わが夜のいきものたち」の詩作過程は非常に類似している。これら二つの詩の特徴は、ひとつの詩の中に「幻想的」な詩作態度と「心理的」な詩作態度が認められることである。これらの詩が、動機づけの異なる二つの詩作態度により書かれた詩であることを理解するならば、この二つの詩は容易に了解可能なものとなる。

(3) 短歌・俳句への適用

短歌や俳句を読むとき、状態の了解と動機的連関の了解は、どのように行われ、詩歌が解釈されるのであろうか。日本の最初の抒情詩人と言われる大伴家持の短歌に「うらうらに照れる春日《はるひ》にひばり上《あ》がり心悲《こころがな》しもひとりし思《おも》へば」(『万葉集』巻十九・四二九二)がある。この短歌に二つの了解的方法を適用するならば、どのような心理的状態であったかは「うらうらに照れる春日《はるひ》にひばり上《あ》がり心悲《こころかな》しも」を状態の了解により、なぜそのように詠んだのかは「ひとりし思《おも》へば」を動機的連関の了解により因果関係(理由)を説明することになる。

家持は、この短歌の左注に「悽惆《せいちう》の意《こころ》、歌に非《あらざ》れは撥《はら》ひ難《がた》きのみ。仍《すなは》ちこの歌を作り、式《もち》て締緒《ていしょ》を展《の》べき」と、詩作の動機づけを記している。山本健吉(1979)によれば、悽惆とは心の痛み、哀声、怨声も伴う失意、悲しみで、家持はこの悲しみを「歌なしにどうして払いのけられようか」と言い、「そこでこの歌を作って憂鬱を晴らすのである」と言っている。「ひとりし思へば」という鬱積した感情(悽惆の意)が、詩作の動機づけとなり、詩歌を詠むことで解放・解消されることを望んでいることがわかる。[注9] この左注は、二つの了解的方法による解釈をより確かなものにしている。

松尾芭蕉の俳句「旅に病《やん》で夢は枯野《かれの》をかけ廻《めぐ》る」（『笈日記』）に二つの了解的方法を適用するならば、どのような心理的状態であったかは「夢は枯野《かれの》をかけ廻《めぐ》る」を状態の了解により感情移入し、なぜそのように詠んだのかは「旅に病《やん》で」を動機的連関の了解により因果関係（理由）を説明することになる。しかしながら、ヤスパースの動機的連関の了解は、アドラー（Adler, A. 2011）の言う目標（目的）による動機づけについては考えられていない。詩歌が、詩人の単なる心情の表出ではなく、新しい世界の開示であるならば、動機的連関の了解は未来との関係によって説明されねばならない。そのような詩歌があるはずであり、芭蕉のこの俳句もそのような俳句として了解することができる。この俳句の「旅に病《やん》で」を状態の了解により、「夢は枯野《かれの》をかけ廻《めぐ》る」を過去ではなく未来への動機的連関（動機づけ）として了解するならば、「旅に病《やん》で夢は枯野《かれの》をかけ廻《めぐ》る」という俳句は、辞世の句でも過去の回想でもなく、病の軛から解放された心の自由を表現したものと了解することもできる。[注10] 問題は、その詩歌の了解がその人にとっていかに明らかであり、明証性を伴っているかということである。

詩歌には、了解可能なものと了解不能なものがある。すべての詩が了解可能であるとは限らない。たとえば、統合失調症末期の患者が書いた詩の多くは了解不能である。

＊

現代詩を読むとき、二つの了解がどのように行われるかについては、拙著『詩歌療法――詩・連詩・俳句・連句による心理療法』（新曜社 2012）でキーツ（Keats, J.）の詩「秋に」とスペンダー

(Spender, S.)の詩「海景」を例に詳しく考察しているので参考にしていただきたい。

郵便はがき

恐縮ですが、
切手をお貼り
下さい。

101-0051

（受取人）

東京都千代田区神田神保町三―九
幸保ビル

新曜社営業部行

通信欄

通信用カード

■このはがきを，小社への通信または小社刊行書の御注文に御利用下さい。このはがきを御利用になれば，より早く，より確実に御入手できると存じます。
■お名前は早速，読者名簿に登録，折にふれて新刊のお知らせ・配本の御案内などをさしあげたいと存じます。

お読み下さった本の書名

通 信 欄

新規購入申込書

お買いつけの小売書店名を必ず御記入下さい。

(書名)	(定価) ¥	(部数) 部
(書名)	(定価) ¥	(部数) 部

(ふりがな)
ご 氏 名　　　ご職業　　（　　歳）

〒　　Tel.
ご 住 所

e-mail アドレス

ご指定書店名	取次	この欄は書店又は当社で記入します。
書店の住 所		

第5章　従来の詩歌療法の理論

詩歌療法は、一九二八年アメリカのエリ・グライファー（Eli Greifer, 1902-1966）が精神的に悩んでいる人びとに詩を処方したことから始まったとされている。[注1] グライファーは精神科医リーディ（Leedy, J. J.）に出会い、一緒に詩を用いた心理療法を精神病院で行うようになった。この時、それまでの詩療法（Poemtherapy）を詩歌療法（Poetry Therapy）という用語に改めている。

リーディが編者となって、一九六九年に『詩歌療法――情動障害者の治療における詩歌の使用』（*Poetry Therapy: The use of poetry in treatment of emotinal disorders*）が出版された。この本は、詩歌療法に関する最初の論文集で、統合失調症（精神分裂病）、神経症、うつ病、情動障害などの患者、人間関係に葛藤を感じている人、カウンセリングを受けている大学生、社会的・情緒的に不適応の生徒などを対象にした研究報告と詩歌の効用に関する論文など二十二編が集められている。その四年後にリーディ編『詩　癒すもの』（*Poetry the Healer.* 1973）が出版され、そして一九八一年の『アメリカ精神医学ハンドブック』の第二版に初めて詩歌療法の一章が設けられ、ヘニンガー（Heninger, O. E.）により詩歌療法に関する著書・論文七九編がレヴューされた。その内の三十三編がリーディによる二編著からの論文である。そこで、初期の詩歌療法の理論をリーディが編者となった最初の論文集とヘニンガーの論文について、次に一九八一年以降の詩歌療法の理論をマッツア（Mazza, N.）の著書『詩歌療法――理論と実際』（*Poetry Therapy: Theory and practice.* 2003）について検討し、最後に日本における詩歌療法の研究を概観することにした。

1　初期の詩歌療法の理論

リーディ（1969）は、編著『詩歌療法――情動障害者の治療における詩歌の使用』に「詩歌療法の原理」（Principles of Poetry Therapy）という論文を書いている。この論文は、詩歌療法の理論ではなく、詩歌の効用と使用方法について述べたもので、ブロイアー（Breuer, J.）とフロイト（Freud, S.）の共著『ヒステリー研究』（初版 1895）が一九五五年に英訳（Strachey, J.）出版されているにもかかわらずカタルシスについての記述はない。しかし、そこに書かれていることは、詩歌療法の理論を構築するときには考慮しなければならない事柄であるゆえ、リーディの所説を取り上げることにした。

リーディは、詩歌療法において「読む」ための詩を選ぶことの重要性を指摘している。詩を処方するとき、患者の感情と詩の気分や精神的リズム（テンポ）が類似しており、抑うつ患者の場合、詩ははじめは悲しく物憂げな雰囲気がありながら、詩の終わりに向かって希望とオプティミズムが感じられるものがよいとしている。たとえば、カーライル（Carlyle, Th.）の「今日」（Today）、クーパー

(Cowper, W.)の「暗闇の中から射す光」(Light Shining out of Darkness)のような詩である。このような詩を読み、記憶し、あるいは自分でも書くことによって、患者は感情を表出させ、情緒的混乱に耐え、克服し、人生観を確かなものにすることができる。そして抑うつ状態にある者は、こんな状態にあるのは自分一人ではないことを知り、またそのような状態にあった人が回復したことを知るようになる。詩歌療法に用いられる詩は、詩のリズムが規則的で、誰にでも理解ができ、容易に共感できる詩であることが必要で、希望を与えず、人生が無意味で頼れる者は誰もいない、自己破滅的な愛の詩などは決して選んではならないと言っている。これらの指摘は、詩歌療法の基礎となる理論が感情と認知を含む理論であることを示唆している(本書第6章「詩歌療法のカタルシス理論」を参照)。

詩歌療法を集団で行うとき、次のような効果があると言う。統合失調症(精神分裂病)の患者や知的障害者が一緒であっても、他の人びとと一緒に詩を朗読することは楽しく、自我を強化し、不安を減少させ、内向きな心を和らげ、心理的な抑制を弱める。それゆえ、人びとの間の共感の形成とコミュニケーションの改善に役立つと言っている。

一九八一年の『アメリカ精神医学ハンドブック』第二版に詩歌療法を初めて紹介したヘニンガーは、詩歌療法の効果について次のように書いている。詩歌の治癒力の源泉は詩作過程にあり、詩人が詩を書くのは不安や葛藤から生じた心理的な緊張を解消し、禁止・抑圧された衝動を解放するためである。詩は、罪悪感や羞恥心を感じずに心の傷を詩の中に織り込むことができる。そうすることで激情の暴力から自分を守り、多くの受け容れ難い観念や感情を安全に社会的にも受け容れられるような形で表出することができる。なぜなら、自分の書いたものを詩神ミューズの所為にして、表出と隠蔽という二つの欲求を同時に充たすことができるからであると言っている。

このようにして、詩を「書く」（詠む）ことにより激しい感情は心の奥から流れ出し、怒りと憂うつは追い払われる。同時に悩みを生じさせていた心の奥底にあるものを比喩を用いて表現し、言葉に置き換えることで混沌とした心に秩序をもたらす。その結果、感情的に耐えられないものにも向き合えるようになり、個人的な苦痛・苦悩を人間に共通する普遍的なものへと転換（昇華）させることができるとしている。

ヘニンガーは、詩を「読む」ことによる心理治療的な効果の機制を次のように説明している。患者が自分の悩みを表現している詩に出会い読むとき、詩の秩序だった流れは患者の鬱積した感情を外へ排出するように作用する。この作用を詩の喚気作用と言っている。鬱積した感情の排出には強い抵抗、苦痛を伴うが、それゆえに心に負った重荷から解き放され、鬱積した感情が浄化（カタルシス）されるとしている。

詩歌を読むことが人間関係に与える影響について、詩を読み、詩に生き生きと表現されている感情が共有されるとき、他の人の心を自分の内に写し取り、感情移入が生じ、自分の問題が他の人と似ていることに気づく。その結果、他の人びととの結びつきが生まれ、対人関係が改善される契機となる。互いに詩を声に出して繰り返し読むならば、その効果は一層大きくなる。詩は、患者にとり安全で安心できる心の表現方法であり、詩を用いることで会話が密度の濃い感情を通わせるものになると言っている。

詩を読み・書く（詠む）ことは、自覚されていない個人的な問題に気づかせ、その背後にある心の仕組みに目を向けさせる。それは、自己同一性の感覚を維持させると共に自己を成長させる。それゆえ、詩は自己治療者であると言う。しかしながら、詩が心に届くまでには時間が必要であるとも言っている。詩の影響が現れるのは、数日後、数週間後かもしれないし、あるいは数年後であるかもしれないと言う。

ヘニンガーは、詩歌を読み・書く（詠む）効果を次のように要約している。①自分を表出・表現する。自分と同じ感情を表現している詩を読み、あるいは自分で詩を書くことにより、自分自身をあるがままに表出・表現できる。②洞察に導く。詩を読み書くことは、自分の内面を観察させ、問題や障害を顕在化させることで、自分自身への洞察を容易にする。③助言・説得する。詩は、直接あるいは間接的に、他の考えを受け容れるように促し、説得するのに用いることができる。④創造性を刺激する。詩を読み書くとき、内面にあるバラバラなものを「まとまりのあるもの」にしようとする努力がみられ、この「まとめる」という行為が現在の心理的状態に新しい秩序をもたらすことになる。

ヘニンガーは、このような詩歌療法はどの心理療法においても補助的に用いることができる方法であると言い、それゆえにか詩歌療法をフロイト派の精神分析療法やロジャース派のクライエント中心療法にも、また認知（行動）療法などにも関係づけていない。また、詩歌療法と類似の読書療法[注2]やナラティヴ療法[注3]との違いについても触れていない。アリストテレスのカタルシス概念やブロイアーとフロイトのカタルシス法への言及もないが、鬱積した感情の解放、洞察と言語的な表出、他の人びととの感情の共有（共感）についての指摘は重要である。ヘニンガーの詩歌療法についての所説には、本書第6章「3　詩歌療法のカタルシス理論」と多くの点で共通性が認められる。

2　詩歌療法の基礎となる諸理論

詩歌療法において理論的な説明が求められるのは、詩作の動機づけと詩歌を詠み（書く）あるいは読むことによる心理的な効果であり、連句や連詩（コラボレイティブ・ポエム）のような複数の人により詩歌を詠み・読むことの心理的な効果である。

マッツア（2003）は、フロイトの精神分析、ユングの分析心理学、アドラーの個人心理学、ゲシュタルト療法、サイコ・ドラマ、ナラティヴ・構成主義セラピーなどは詩歌療法の基礎理論となるが、いずれも詩歌療法の効果を部分的にしか説明できないとしている。そこで、これらの理論を（1）精神分析と分析心理学、（2）個人心理学とゲシュタルト療法、（3）サイコ・ドラマ、（4）社会構成主義とナラティヴ・セラピーの四つに分け、これらの理論により詩作の動機づけと詩歌の心理的な効果が説明可能か否か検討することにした。

（1）精神分析と分析心理学

精神分析

マッツアによれば、フロイトの精神分析理論では文学作品（詩）も空想（ファンタジー）も無意識の本能的な願望の所産とされ、詩作も心理療法も内的な葛藤を処理するための行為であるとする。それゆえ詩作過程の解明は、精神分析的な治療で扱う空想の理解に役立つとしている。フロイトの所説についてのマッツアの説明は、精神分析派の研究者の論文からであり、フロイトの論文「詩人と空想すること」（Der Dichter und Phantasieren. 初版 1908. 引用は 1967）と「心的現象の二原理に関する要約」（Formulierungen über die zwei Prinzipien des Psychischen Geschehens. 1911）に直接依拠したものではなかった。そこで、この二論文において、詩人は「どこから詩の素材を得ているのか」、詩は「なぜ感動を生じさせるのか」、詩には「なぜ心理治療的効果があるのか」と問い、それにフロイトはどのように答えているか問題とした。

フロイト（1967）は、次のように説明している。詩（詩作）の「素材」は詩人の空想にある。空想するのは不幸な人であり、幸福な人は空想しない。空想は願望の充足であり、充たされない現実の修正である。そして詩は「なぜ感動を生じさせるのか」という問いについては、詩人は願望を空想により充たそうとするが、その才能によって空想を具象化して新しい現実（作品）とする。この新しい現実となった作品は、人びとにより現実世界のすぐれた模倣的再現とみなされるゆえに感動を生じさせると言う。詩人のリーヴズ（1965）は、詩（作品）と空想の関係を次のように簡潔に説明している。空想は現実性（リアリティー）を持たないが、作品となった詩は単なる言葉による空想ではなく、詩的な言葉による現実性を伴った幻想（ヴィジョン）となる。それゆえ詩は心を揺さぶるような感動を生じさせるとしている。

詩には「なぜ心理治療的効果があるのか」という問いについて、フロイト（1911）は、「心的現象の二原理に関する要約」において、人間は現実原則と快楽原則の狭間で生きており、この二つの原則の間の対立・葛藤を和解・解消させようとする人間の精神的な活動が芸術であり、詩もこのような精神的な活動の所産であると言う。それゆえ、詩を詠み・読むことは、現実原則と快楽原則の間の葛藤から生じる多くの心の病に心理治療的な効果があるとする。しかし、詩を現実原則と快楽原則の対立・葛藤から説明することには批判がある。ユング（1966）は、このようなフロイトの説明は神経症の診断技法であり、詩人は神経症患者ではないゆえ、詩作の動機づけの説明としては不適当であると批判している。

フロイトは、ブロイアーとの共著『ヒステリー研究』（*Studien über Hysterie.* 初版 1895, 引用は1955）の中の論文「ヒステリーの精神療法」において鬱積した感情の解放であるカタルシスについて詳しく考察しているが、マッツアはなぜかカタルシスに言及していない（カタルシスについては、本書第6章「詩歌療法のカタルシス理論」を参照）。

■心理・教育

繁桝算男 編

心理学理論バトル　心の疑問に挑戦する理論の楽しみ

心理学の最先端のテーマを，理論や仮説，その解釈の対立関係という視点から紹介。心の謎に迫る心理学の楽しさを味わう一冊。

ISBN978-4-7885-1741-7　四六判 232 頁・定価 2530 円（税込）

P.J.コー 編／中村菜々子・古谷嘉一郎 監訳

パーソナリティと個人差の心理学・再入門　ブレークスルーを生んだ 14 の研究

この領域を切り開いた革新的な 14 の研究を取り上げて，その背景から理論・方法の詳細，結果，影響，批判まで，懇切に解説。

ISBN978-4-7885-1723-3　A 5 判 368 頁・定価 3960 円（税込）

荒川 歩 編

はじめての造形心理学　心理学，アートを訪ねる

心理学は美術や芸術を測ったり言葉で説明して解明できるのか？率直な疑問をぶつける美大生との会話で学ぶ新感覚のテキスト。

ISBN978-4-7885-1722-6　A 5 判 208 頁・定価 1980 円（税込）

李光鎬・渋谷明子 編著／鈴木万希枝・李津娥・志岐裕子 著

メディア・オーディエンスの社会心理学　改訂版

私たちのメディア利用行動，コミュニケーション等に関する社会心理学的な研究を体系的にまとめた好評の初版をアップデート。

ISBN978-4-7885-1721-9　A 5 判 416 頁・定価 3300 円（税込）

北出慶子・嶋津百代・三代純平 編

ナラティブでひらく言語教育　理論と実践

単なる語学学習を超えて多文化共生社会の実現にもつながる言語教育の新たな可能性，ナラティブ・アプローチ。その理論と実践。

ISBN978-4-7885-1731-8　A 5 判 208 頁・定価 2640 円（税込）

渡辺恒夫

明日からネットで始める現象学　夢分析からコミュ障当事者研究まで

現象学は自分自身の体験世界を観察してその意味を明らかにする身近な学問。予備知識無しに現象学するための，画期的手引き。

ISBN978-4-7885-1729-5　四六判 224 頁・定価 2310 円（税込）

■生物

大重重実

感覚が生物を進化させた　探索の階層進化でみる生物史

21 世紀生物学の知見を踏まえ，生物の感覚や主体性も生命の階層進化に関わっていることを様々な事例で生物の歴史からたどる。

ISBN978-4-7885-1730-1　四六判 272 頁・定価 2750 円（税込）

新曜社　新刊の御案内

Sep.2021～Feb.2022

■新刊

森 正人　　*たちまち重版!*

文化地理学講義　〈地理〉の誕生からポスト人間中心主義へ

世界がコロナの大禍に見舞われ，人と物の移動や国境が厳しく問い直される今。既存の政治や文化に囚われず大地と人の関係を問う方法はあるのか。空間・風景・場所・自然から地理を捉える文化地理学の歴史を跡付け，その新展開を見通す待望の入門書。

ISBN978-4-7885-1739-4　四六判 296 頁・定価 2970 円（税込）

R. F-キーファー／望月正哉・井関龍太・川﨑惠里子 訳　　*好評重版!*

知識は身体からできている　身体化された認知の心理学

世界を理解し，概念知識を構築するうえで身体的経験が必須だという見方は，哲学者，認知科学者，ロボット工学者たちに広く共有されてきている。心理学的研究と身体化された認知という考え方における位置づけを体系的に，初学者にもわかりやすく解説。

ISBN978-4-7885-1736-3　A 5 判 256 頁・定価 2970 円（税込）

土屋恵一郎

独身者の思想史［増補版］　ロック・ヒューム・ベンサム

ロック，ヒューム，ベンサムは「近代」を準備したが，彼らの社会契約論，功利主義などの社会理論の背後にはホモ・ソーシャルの感情がうごめいていた。これら独身者の系譜のなかでベンサムの同性愛擁護論などを掘り起こし，思想史に新しい風景を拓く。

ISBN978-4-7885-1753-0　四六判 264 頁・定価 3300 円（税込）

河北新報社編集局・金菱 清

逢える日まで　3.11遺族・行方不明者家族 10年の思い

東日本大震災発生から 10 年，地元紙・河北新報が総力を挙げて取り組んだ取材の連載を書籍化。大切な人はどこに？　あの日の行動を知りたい。復興の陰に隠された悲しみと悔恨，あふれ出る追慕と感謝…2021 年度新聞協会賞を受賞した渾身の震災報道。

ISBN978-4-7885-1752-3　四六判 200 頁・定価 1980 円（税込）

分析心理学

マッツアは、ユングの詩に関する論考である「分析心理学と詩の関係について」(On the relation of analytical psychology to poetry. 英訳初版 1922. 引用は 1966) と「心理学と文学」(Psychology and literature. 英訳初版 1930. 引用は 1966) の二論文に直接依拠することなく、ユング派の臨床家の論文から分析心理学における詩作の動機づけを説明している。その説明によれば、フロイトが無意識の存在を示すとした象徴（シンボル）は意識下で起こっている事象の徴表（サイン）あるいは症候（シンプトン）ではなく、元型（archetype）の表出というより深い意味を持った用語であるとする。文学作品は人間の内部にある普遍的で永遠なものである元型の個人的な表現であり、象徴は元型が見えるもの（ヴィジュアル）として表出されたものであると言う。芸術家は、自己の内部の抗い難い力ゆえに創作するのであって、神経症のためではないと、詩作の動機づけを説明している。

ユングは、「心理学と文学」において詩作の動機づけに二種類あるとしているが、マッツアはこれについてまったくふれていない。ユングによれば、詩作の動機づけには「心理的」詩作態度と「幻想的」詩作態度の二つの異なるタイプがある。「心理的」詩作態度は、個人的な体験や衝撃的な出来事、情熱や運命などが動機づけとなって詩作するタイプを言い、「幻想的」詩作態度は、心の深層にあって「あたかも人類以前の太古の深み」「人間の手の届かない光と闇の世界」から現れ、人間の力と理解力では捉えることのできない原初的体験に導かれて詩が書かれるタイプであるとする。それゆえ、「幻想的」(ヴィジョナリー) としか言いようがないのである。[注4]

ユングの所説によれば、無意識には個人的無意識と集合的無意識があり、個人的無意識は無意識の表層近くにあってしばしば意識化される。そしてこの無意識に素材を求める芸術作品は情動を放出させるカタルシス法（フロイト）の対象となっても、すぐれた作品にはならないと言う。これに対して、すぐれた芸術作品は、無意識のより深い層の集合的無意識にある元型が活性化され、その形象化された原初的イメージにより作られる。元型そのものは、完成した作品によってのみ知ることができる。芸術家は、現在への不満から過去に憧れ、それを補うのにふさわしい原初的なイメージを見つけようとする。この原初的イメージを無意識の底から引き上げて意識に近づけるとき、原初的イメージはその時代に生きる人間が理解できるような姿・形をとって現れてくると言う。すぐれた芸術作品にふれたときに生じる感動は、元型に触れることによる感動で、この感動はいかなる媒介物もなしに生じる感情体験（神秘的融即）であると言っている。

＊

マッツアは、精神分析と分析心理学を詩歌療法の基礎理論になるとして考察し、鬱積した感情や葛藤が詩作の動機づけであり、その言語的表出が心理治療的な効果を生じさせるとしている。この指摘は重要であるが、フロイトとユングの所説を概観しただけでも、詩作の動機づけと詩の心理治療的な効果についてのマッツアの説明が不十分なことは明らかである。

（2）個人心理学とゲシュタルト療法

マッツアは、アドラーの個人心理学の理論もパールズ（Perls, F. S.）らのゲシュタルト療法の理論も詩歌療法の基礎理論になると言っている。そこで、はじめに個人心理学の理論を、次にゲシュタルト療法の理論について、その根拠を検討することにした。

個人心理学

マッツアは、アドラーの著書『人間性の理解』(*Understanding Human Nature*. 英訳初版 1927. 引用は Wolfe, W. B. 訳 2010) とアドラー派の臨床家の著書によりアドラーの所説を紹介している。『人間性の理解』は、英語訳をしたヴォルフ (Wolfe, W. B.) によれば、オーストリアのウィーン市民を対象にしたドイツ語による講義・講演集で、論文として書かれたものではなかった。それゆえ、講義や講演が平易で明解であっても文章化すると、それを失うことがある。この本もそうしたもののひとつであり、そのためアドラーの所説を考察するにあたって、その後の著書『生きることとの科学』(*The Science of Living*. 初版 1929. 引用は 2011) と『あなたにとり人生とは何か』(*What Life Should Mean to You*. 初版 1931. 引用は 2019) の記述を参考に、アドラーの所説の詩歌療法への適用について考察したい。

アドラーの『生きることとの科学』によれば[注5]、人間には創造的に生きる力が備わっており、その力は

「目的論的」なもので、目標を追求し、達成しようとする欲求であり、目標が達成できなかったとき他の仕方でそれを補償する欲求であるという。[注6] この目標追求の欲求から、人間の身体と精神の活動のすべてを分割できない（英語の individual の語源はラテン語の in-dividuus）、ひとつのまとまりのある全体として理解しようとする科学を個人心理学（individual psychology）と呼んでいる。人間は、目標あるいは理想が将来必ず実現すると信じることで現在の困難を克服しようとする。この目標という観念がなければ、人間の活動はどんな意味も持たなくなるとしている。

マッツアは、アドラーの仮想的原因論は詩歌療法に適用可能な理論であると言う。アドラーによれば、人間は過去の体験よりも未来への期待（目標）によって大きく動機づけられ、達成すべき目標が示されることによって生きているという仮想が作られる（仮想的原因論）。この理論が詩歌療法に適用可能とされるのは、仮想が詩歌療法においては詩歌により形成されるからである。詩は、現実に触発された空想あるいは仮想であるが、作品となった詩は詩人にとっても詩を読む者にとっても単なる仮想（虚構）ではなく仮想的な「現実」であり、それゆえに影響力を持つと考えられる。しかしながら、この仮想の影響力も直面する現実（状況）が変化すれば、影響力を失い、忘れられてしまう。このようなアドラーの考えは、マッツアによれば、詩人は現実と空想（ファンタジー）の間を往き来するというフロイトの考えに由来するのではないかと言っている。

では、人間はどのようにして未来への期待、目標を形成するのであろうか。アドラーによれば、目標の原型のようなものが四、五歳の子どもの頃に対人関係を通して形成されると言う。この年齢の子どもは、目標の形成過程を説明できないが、子どもの実際の活動を見れば活動が目標に向かって行われていることは明らかで、身近な人で一番強い人・魅力的な人を目標やモデルに選んでいることからもわかる。そして、どのような人をモデルに選ぶかによって、子どもの共同体感覚を知ることができると言う。マッツアは、アドラーの理論は個人を対人関係の中で理解しようとするところに特徴があるとするが、対人関係に大きな影響を及ぼす共同体感覚についての考察はみられない。

共同体感覚という用語は[注7]、特定の集団への所属・帰属感情を意味するものではなく、他の人びとへの共感と関心の共有、他者とのつながりを意味している。アンスバッカー（Ansbacher, H. L. 1991）は、この共同体感覚の主要な意味は社会的関心（social interest）にあるとして概念内容を詳細に検討している。その結果、社会的関心は、「人類の関心への関心」であり、関心は価値（value）と等しいゆえに、社会的関心は「人類全体にとって価値あるものを価値あるものと認めること」を意味すると言っている。[注8]この共同体感覚は、人生の意味に深くかかわっている。アドラーは、『あなたにとり人生とは何か』において、人間は意味の拡がりの中で生きており、意味なしには生きられないと言う。そして真の「人生の意味」は、人類の目標・目的の実現に寄与・貢献し、人びとに恩恵を与えるものにあるとする。私的（プライベイト）な[注9]「人生の意味」の追求は、それが達成されても他の人びとが利益や恩恵を受けることはなく、目標への努力は個人的な優越を求めているにすぎないとしている。

アドラーによれば、子どもの頃の期待や目標はその後の人生において統覚の図式（scheme of apperception）を形成するようになり、自分の周りで生じている出来事を認知し意味づける枠組みとして用いるようになる。[注10]たとえば、胃の障害や視力の障害（アドラーの言う劣等器官）を持った子どもは、あらゆる経験を欠陥のある器官の機能と関連づけ、この統覚の図式（認知の枠組み）に従って行動する。現実そのものを経験するのではなく、解釈され意味づけされた現実を経験していると言う。それゆえ、心理的な治療は、これまで用いていた統覚の図式（認知の枠組み）を「未来の目標」に向けて修正・改変することであると言っている。詩歌療法においては、詩歌が「未来の目標」を示し、心を未来に向かわせる役割を果たしている。[注11] マッツア（2003）は、「未来の目標」を治療手段としたジェニーの症例[注12]を報告している。

アドラーは、統覚の図式はその人のライフ・スタイルを規定し、人生における三つの基本的なタスク（果たすべき課題）である仕事、交友、愛への対処の仕方を決める要因になるとしている。そして心理的な問題の多くは、この三つのタスクについての誤った対処の仕方から生じるとする。統覚の図式（認知の枠組み）は、詩歌療法の効果である認知的変容に深く関わっているにもかかわらず、マッツアには詩歌療法との関係についての記述はみられない。

ゲシュタルト療法

ゲシュタルト（Gestalt）療法は、パールズらによって始められ、人間は自分を取り巻く環境世界を意味のあるひとつのまとまり（ゲシュタルト・形態）として認知するというゲシュタルト心理学[注13]を基礎とする心理療法である。パールズの『ゲシュタルト療法──その理論と実際』（初版 1973. 引用は 1990）によれば、この心理療法は、クライエントに「なぜ」「何があったか」と過去を問わずに、「今、何を話しているか」と問い、何が問題なのかに気づかせようとする。「気づき」（awareness）が求められるのは、内部領域としての身体（身体感覚）、外部領域としての現実世界（外界）、その中間領域としてのファンタジー（想像・思考など）の世界についてである。

パールズ（1973）によれば、「気づき」は注意よりも少し広い概念で、何かにコンタクト（contact）することでごく自然に意識化されるものを言っている。ゲシュタルト療法では、「気づき」を促すために三つの問いが用いられる。それは、「今、私は〜に気づいている」（Now I am aware ...）を基本として、その変形である「あなたは、今、何をしているのですか」「あなたは、今、何を感じていますか」「あなたは、今、何をしたいですか」という問いである。さらに、「あなたは、今、何を避けているのですか」「あなたは、今、何を予期していますか」の二つの問いを加えることができるとする。[注14]これらの五つの問いかけは、自分が気づいている範囲内で答えられる問いであり、問いに答えようとすることで「気づき」はさらに広がっていく。パールズは、「気づき」をより効果的にするために複数の「気づき」の間で交互に意識化を繰り返すのがよいと言う（シャトル技法[注15]）。そうすることで、「気づき」はより広がりよりはっきりしたものとなり、自分についても自分が直面している問題についても明確に意識されるようになる。その結果、自己の成長を妨げている障害が何かを知り、問題に対処する能力を高め、本来の自分を取り戻し、自己の成長（創造的適応）を実現できるとしている。

マッツアは、パールズらの『ゲシュタルト療法』（1951）における言語化と詩についての記述を引用し、神経症的な言語表現は疲弊した精神によりなされるが、詩は問題解決的な見通しを表しており、両者は明らかに異なるとしている。さらに、ジンカー（Zinker, J. 1977）の所説に依拠して次のように言っている。個人的な行為においても社会的行為においても、生きるということは創造的な過程である。この心理療法は、クライエントの「気づき」を自己の成長を促すような有意義な課題（テーマ）

へと導くことで、思考と行動の仕方を今までとは異なるものに変えようとする。

詩は限りなく解釈可能なものであり、どの詩もさまざまに解釈され、詩の意味内容は書き換えることができる。書き換えの過程で詩の言葉は体験を、観念を、イメージを変化させ、書き換えられた詩はクライエント自身を現すものとなる。では、詩歌療法において詩歌を詠み・読むことの心理的な効果は、パールズの「気づき」に関する所説によりどのように説明されるのであろうか。はじめに詩歌を読む場合、次に詩歌を詠む場合の二つに分けて、それぞれの事例について検討することにしたい。

詩歌を読む場合の「気づき」は、本書事例集のミルの事例にみることができる。ミルは、ワーズワスの詩「オード・幼少時の回想から受ける霊魂不滅の啓示」の最後の連の「生きる支えとなる人の心のおかげにより／人の心の優しさ、歓び、そして気遣いにより／私には花をつけた名もなき草木さえ／しばしば涙あふれるほどの深い感動をもたらす」という詩の行に出会うことにより、ぼんやりとして意識化されなかったものが何かに気づき、新たな人生の目的を見出すという認知的な変容を生じさせている。ミルの事例をゲシュタルト心理学の用語を用いて説明するならば、今まで意識の背後・背景にあった「地」(ground) が意識化され、意識の前面にあって悩んでいた問題の「図」(figure) と反転したということができる。

詩歌を詠む場合の「気づき」は、本書事例集の鶴見和子の事例にみることができる。脳溢血を発症し左片麻痺になったとき、短歌を詠むことで病苦に苦しんだ水俣病の人たちを思い浮かべ、自分も身障者として生きる意欲を得、被爆者の渡辺千恵子を思い出し、車椅子の生活であっても社会的な活動ができることに気づき、社会的に生きる意欲を得ることができた。短歌（詩歌）を繰り返し詠むことで連想が広がり、言葉が新しい事柄に気づかせ認知的な変容を生じさせている。詩歌療法において、自分と外界についての認知を変容させる最初の契機は、詩歌を「読む」場合も「詠む」場合も、詩の言葉と言葉からの連想による「気づき」であり、この「気づき」が思考（意識）の操作を経て認知的な変容を生じさせると言うことができる。

*

フロイトの精神分析やユングの分析心理学では、現在の心理的・精神的な問題は過去の体験に原因があるとする。それゆえ、過去の体験にどのように向き合うかが心理的な治療の基本となる。それに対して、アドラーの個人心理学とパールズのゲシュタルト療法では、現在の心理的・精神的な問題は現在についての誤った認知、未来への展望のなさ、あるいは誤った未来展望から生じるとする。したがって、心理的な治療は現在にどのように向き合うか、未来の目標をいかに設定するかが基本となる。詩歌療法において、現在に気づかせ、未来の目標に向き合うようにする役割を果たすのが詩歌である。たとえば、次の工藤直子の詩「花」は非常に短い詩であるが、最初の三行は現在に気づかせ、最後の二行は未来の目標を示している。詩歌を詠み・読むことによる感情の解放（カタルシス）については、アドラーの所説によってもパールズの所説によっても説明することは難しい。しかしながら、パールズは、モレノのサイコ・ドラマ（心理劇）を用いることによって感情の問題を解決できるとしている。[注16]
そこで、次にサイコ・ドラマについて検討したい。

花

わたしは
わたしの人生から
出ていくことはできない

ならば　ここに
花を植えよう

（『工藤直子詩集』）

（3）サイコ・ドラマ

モレノ（Moreno, J. L.）は、心理療法に演劇の手法を導入し、サイコ・ドラマ（心理劇 psychodrama）と名付けた。サイコ・ドラマは、役割演技、行動化、感情移入的な同一視、カタルシスなどの技法を用いることで集団心理療法を可能にしたとされている。そのモレノは、マッツア（2003）によれば、詩歌療法が広く知られる以前に心理治療に詩歌を用いており、サイコポエトリー（psychopoetry）と呼んでいたという。[注17] マッツアは、サイコ・ドラマとゲシュタルト療法の間には役割の実演（パフォーマンス）や隠喩（メタファー）の使用などに共通性があるとしているが具体的な説明はなく、またパールズの「気づき」の技法としてのサイコ・ドラマについてもふれていない。

パールズ（1990）は、『ゲシュタルト療法――その理論と実際』の第六章「シャトル技法、心理劇、そして混乱」において、サイコ・ドラマはクライエントに自分の意識をコンタクト（繋留）している事象の間でシャトル（往復）させるよう求めるが、モレノのサイコ・ドラマは「気づき」の効果を確かめることができる画期的な方法であると言っている。

モレノのサイコ・ドラマは、監督（主治療者）、補助自我（副治療者）、演者（クライエント）、観客（メンバー）、舞台により構成されるが、パールズはクライエント一人で演じることもセラピストと二人で演じることもできるとする。一人で演じるサイコ・ドラマをモノセラピーと呼んで、クライエントに自分で舞台、俳優、小道具、また演出や表現法も創作することを求めている。そうすることで、クライエントに空想するものは何もかも自分自身だと気づく機会、自分の内面の葛藤を知る機会が与えられると言う。そしてモノセラピーでは、通常のサイコ・ドラマで見られるような他者からの不適切な介入・干渉が避けられるとしている。ただし、この方法は、クライエントにある程度の自己表現能力があり、自分が嫌っている役割にも同一化できることが必要であるとしている。しかしながら、モノセラピーによる感情のカタルシスについての記述はみられない。

演劇における演技者（俳優）の感情のカタルシスについては、アリストテレスの『詩学』[注18]も、前述のフロイト（1911, 1967）の二論文「詩人と空想すること」「心的現象の二原理に関する要約」も取り上げていない。しかし、金関猛（2013）は、ブロイアーとフロイトの共著『ヒステリー研究〈初版〉』の訳書に「はじめにヒステリーがあった」という論考を載せているが、その中でフロイトのカタルシス法を演劇的な治療法に発展させたのはモレノのサイコ・ドラマであると指摘している。そこで、サイコ・ドラマにおける感情のカタルシスを、磯田雄二郎（2013）の『サイコドラマの理論と実践――教育と訓練のために』(2013）に依拠しながら検討することにした。

磯田によれば、サイコ・ドラマにおいて演技者（クライエント）に感情のカタルシスが生じるのは、演技者がスタックの状態になったときであると言う。スタックとは、英語の stuck で、膠着状態・身動きがとれない状態を意味し、磯田は反復脅迫、不決断、外傷体験へのこだわりなど「何らかの理由によって主役（演技者）が前に進めず、場面が展開しない状況」としている。このようなスタックの状態において、演技者に生じる強い情動が解放されることをカタルシスと言い、カタルシスは複雑な感情を解消し、心理的な安定をもたらすと言っている。しかしながら、スタックの状態は、いつもカタルシスを生じさせるとは限らず、認知の枠組みが変化するだけの場合もあると言う。そして、カタルシスが生じたならば、情動（感情）をどのように統合していくか考えねばならないとしている。

サイコ・ドラマでは、スタックの状態は自発性＝創造性が発揮される場面であるとされ、磯田によれば、スタックの状態で自発性＝創造性を発揮できるようにする方法のひとつに身体的活動の利用がある。具体的には、「私は悪くない。私は負けない」と走りながら連呼し、身体的レベルで新しい役割へウォーミング・アップを行うような方法である。新しい役割の演技や他者との役割の交換は、それまでの認知の枠組みを変化させる。その際、孤立した人間の決断はしばしば誤った方向に向かうが、集団（サイコ・ドラマへの参加者）の理解と共感があれば破壊的なものにならず、自発性を安全に健康的で創造的な方向に発動させることができるとする。磯田は、シェイクスピアの悲劇『オセロ』を例にあげて、オセロが孤立した人間であったゆえに誤った方向へ決断したと説明している。同じ肌の

色をした仲間がいたならば、悲劇は生じなかったと言う。[注19]

これまで見てきたように、サイコ・ドラマにおけるスタックの概念と役割交換による認知の枠組みの再構成に関する所説は、詩歌療法の理論の構築に役立つと考えられる。

(4) 社会構成主義とナラティヴ・セラピー

マッツアは、近年のナラティヴ・構成主義セラピー(narrative and constructivist therapy)も詩歌療法の基礎理論になると言っているが、理論と実際という副題のある著書『詩歌療法』(2003)には詳しい考察はみられない。そこで、野口裕二(1999)の「社会構成主義という視点――バーガー&ルックマン再考」に依拠しながら、詩歌療法との関係においてバーガーとルックマン(Berger, P. L. & Luckmann, T. 1966)の「現実は社会的に構成される」という基本的な主張を概観し、次にナラティヴ・セラピーについて検討することにしたい。

社会構成主義

野口によれば、社会構成主義(social constructionism)の源流[注20]はバーガーとルックマンの共著『現実の社会的構成――知識社会学論考』(山口節郎訳 1977)にあるとされ、その基本的な主張は「現実は社会的に構成される」[注21]という言葉に要約されると言う。この「社会的」は、人びとの間の交流、相互作用の意味である。バーガーとルックマンによれば、私たちが生きている現実は、他の人びととの交流・相互作用により作り出されるものであって、私たちとかかわりのない所に存在するものではない。現実とは、個人の内的世界が外在化（externalization）され、客体化（objectivation）されたもので、私たちがあたかも客観的に存在しているかのようにみなしているものなのである。そしてこの現実は、再び私たちの内的世界に取り入れられる（内在化 internalization）。したがって、私たちの内的世界は、外在化－客体化－内在化を繰り返していると言う。社会構成主義は、現実がこのような仕組みにより成り立つものと考え、この視点からさまざまな問題を分析しようとする。これまで本書において、詩人が心的な世界を詩歌に詠み、言葉で表現し、作品とするとき、その作品は「仮想的」現実となり、心理的な影響を与えることを指摘してきた（本節の（2）「個人心理学とゲシュタルト療法」を参照）。詩歌療法における「仮想的」現実の形成とその作用には、社会構成主義の「現実の構成」との類似性が認められる。

社会構成主義の言葉と自己についての所説は、詩歌療法の認知的変容についての説明にとり示唆に富んでいる。そこで、次に社会構成主義における現実と言葉、現実と自己の関係を取り上げることにした。

バーガーとルックマンによれば、社会的に構成される現実は言語化されることで維持され、経験された現実は言葉の世界へ翻訳されることで保持されると言う。しかし、用いられる言葉が異なり、あるいは同じ言葉でも文化や社会により意味が異なれば、現実の理解は違ったものになる。現実を維持するためには人びとの間の会話が必要であり、会話は現実を維持すると同時に修正するとしている。そして、自己についても同じように考えることができると言う。バーガーとルックマンは、人は話しながらその話を自分も聴いており、そうすることで話し手の主観は現実的なものとなる。自分を語ることが自己（現象的自己像）という現実を構成し、より確かなものにする。会話には、話し手の主観を相手にも自分自身にも現実的なものにする働きがあると言う。そして会話における他者の存在が、自己という現実を支えると言っている。したがって、自己は、「語る」ことによって構成され、「語り直す」ことによって再構成される。本書資料集のベンの事例は、詩人チェイスと互いに一行の連詩（コラボレイティブ・ポエム）を書くことで会話を回復したが、会話が書字会話であっても会話における他者の存在が自己という現実を支えることを示していた。

ナラティヴ・セラピー

野口によれば、ナラティヴ・セラピーは社会学の社会構成主義の思想から大きな影響を受けて発展してきた。そしてバーガーとルックマンの「現実は社会的に構成される」という主張は、ナラティヴ・セラピーの基本的な前提であると言う。ナラティヴ（narrative）とは、「話す」「物語る」という意味であるが、この臨床において当たり前のことが、なぜナラティヴ・セラピーでは重要なのであろうか。それは、ナラティヴ・セラピーでは話し手が物語る事実よりも、どのような体験をしたか、話し手により語られる物語（ストーリー）が問題とされるからである。ガーゲンとケイ（Gergen, K. J. & Kaye, J. 1992）は、「ナラティヴ・モデルを越えて」においてストーリーとは何かを詳しく考察している。それによると、心理療法を受けようとする人には打ち明けたいストーリーがあり、それはうまくいかない生活や人間関係についての苦悩、当惑、傷心あるいは怒りのストーリーであり、また幸福感、満足感、自己効力感（自信）を脅かし、生活を破壊するかもしれないというストーリーであったりする。そこには話し手の人生観や価値観が危機に瀕しているという、不安と恐れの現実がある。

ガーゲンとケイは、このようなクライエントのストーリーに対して二つの対処の仕方があるとする。ひとつはモダニスト的（近代主義的）な対処であり、もうひとつはポストモダン的な対処である。モダニスト的な対処は、伝統的な心理療法や精神分析などのように、二十世紀の科学を支配していた新啓蒙主義的なさまざまな前提に信頼を置いている。それに対して、ポストモダン的な対処は、現実とは何かと問い、現実が現れてくる表象のプロセスから問題を分析しようとする。[注22] そこで、次に詩歌療法との関係において、ナラティヴ・セラピーにおけるストーリーを問題としたい。

ガーゲンとケイによれば、モダニズムによる物語的な説明（ストーリー）は、現実を表象（表記）することが目的であり、出来事が生じた通りに表象（記述）されているか否かが問題とされる。それに対して、ポストモダンによる物語的な説明（ストーリー）は、クライエントが今いる環境においてストーリー（物語）が生きることに効果的であるか否かが問われ、効果的でないとされるとき、そのストーリーは捨てられるか作り替えられる。このストーリーの再構成に、ナラティヴ・セラピーの基本的な特徴があるとしている。

ナラティヴ・セラピーにおいて、ストーリーの再構成は「生き方」の書き換えを意味し、この療法はクライエントの人生や人間関係を縛っているストーリーを望ましいものへ書き換えるように援助することが目的である。ガーゲンとケイは、ストーリー（物語）の書き換えは次のような視点から行うのがよいとしている。①自分がしてきた経験の中に例外を見つける、②文化や社会が決めたストーリーにとらわれていないか問う、③自分の経験を相手によって語り分けていないか問う、④対人関係について、相手の反応は自分に原因があるのではないかと考える、⑤身近な人びとならば、どうするか想像する、⑥もし異なった前提から出発していたら、人生をどのように経験するか、すなわち、どう振る舞い、どんな資源（能力や所有する手段）に頼ることができ、どんな新しい解決策があるか考える、⑦かつては信じていたが、今は捨て去った自分の思い込みを思い出してみる、などである。これらはすべて、話し手の認知を変容させるための「気づき」を生じさせる方法と言うことができる。

書き換え療法が、自分を「語り－語り直す」ことにより自己の変容・再構成を促すならば、詩歌療法において詩歌を詠み・読むことにより生じる認知的変容は同じ機制により説明される。本書資料集の鶴見和子の事例は、脳溢血を発症し左片麻痺の身体になったが、短歌を繰り返し詠むことで自分を再構成（身障者として生きる）した事例とみることができる。同じく資料集のアップチャーチの事例は、シェイクスピアのソネット一二七（黒は美しく・・・白は汚辱にまみれ、低俗に堕している）を読むことで自分を縛っていたニガーのストーリーを書き換えた事例と理解することができる。それゆえ、ナラティヴ・セラピーにおけるストーリー（物語）の再構成・書き換えの機制に関する説明は、詩歌療法における自己と世界についての認知的変容を説明する理論になり得ると考えられる。しかしながら、現在までストーリー（物語）の再構成・書き換えにより詩歌療法の効果を説明した報告は見られない。

マッツアは、ナラティヴ・セラピーでは書くこと・ライティング（writing）についてほとんど触れていないとして、ライティングには次のような効果があるとしている。クライエントは話すよりも書くことの方が不安をよりよく表現することができ、自分自身についての情報がより多く得られ、書かれたものは感情の検討－再検討に役立つ。ライティングにより強い感情が解放され、カタルシスが生じ、内的な葛藤、不安、混乱を減少させることができるが、同時にライティングへの抵抗という欠点も指摘している。しかし、マッツアは、詩歌療法において詩歌を「詠むこと」と「読むこと」の心理的な効果の機制の違いについては検討していない。

ナラティヴ・構成主義セラピーの基本は、誤解をおそれずに要約すれば、過去の問題を解決することではなく、新しいストーリー（物語）により直面している問題を無意味化し、心理的な苦悩を解消させることにある。詩歌療法は、過去よりも未来を重視するアドラーの個人心理学やゲシュタルト療法、ナラティヴ・構成主義セラピーと同じ方向を志向しており、それゆえこれらの理論は詩歌療法の基礎理論の構築に役立つと考えられる。

3　日本における詩歌療法の研究

詩歌の心理的な効用については、本書の第1章で見てきたように古くから知られていた。俳句に心理治療的な効果のあることも、俳句を詠む人たちの間ではよく知られていたことである。たとえば、夏目漱石（1990）は、『草枕』（初版 1906）において「腹が立つとき」それを俳句に詠むと、自分の腹立ちが既に他人に変じていると言い、「涙をこぼすとき」それを俳句に詠むと、苦しみの涙は自分から遊離すると書いている。高浜虚子(2009)は、『俳句の作りよう』(初版 1914)の中で俳句の推敲法として配合法、観察法、埋め字法の三つをあげ、[注23]これらは狭まった思考を解きほぐし、視野を広げ、意識されずにいたものを意識化させ、ものの見方を変える方法になると言っている。また、冠句[かんく]の普及に大きな役割を果した久佐太郎(太田稠夫)(1936)は、『正風冠句新講』に冠題をいろ[注24][しげお]いろ思念するので思考力・問題解決の能力が養われ，悩むことが少なくなると記している。

寺田寅彦（1961）の「俳句の精神」は，非常に示唆に富んだ論考であり，俳句の特徴は詩型の短さと用いられる言葉の「連想と暗示の概念的な圧縮」にあると言う。そのため，主観的な体験を象徴的な景物の中に押し込め，作者自身を高所から眺めることにより，主観を客観へと転換するとしている。この転換は，認知的な変容を意味している。また，俳句は，自己と外界との有機的な関係を内省することによって生まれると言い，句作が認知的な変容だけでなく，認知構造の再構築であることを示唆している。

日本における詩歌療法は，日本の詩歌の歴史の中から発掘され誕生したものではなく，西欧の芸術療法に触発され，医療の領域で治療の補助的な方法として用いられたことから始まった。それを可能にしたのは，多くの人びとが俳句や短歌に親しんでいる日常文化があったためと考えられる。このことに関しては，精神的な疾患のある患者も例外ではない。

詩歌療法において用いられてきた詩歌は，これまで現代詩はなく，伝統的な詩歌の形式である俳句，短歌，連句などであった。これが日本における詩歌療法研究の第一の特徴である。第二の特徴は，詩歌を「詠む」効果についての研究であり，他の人の詩歌を処方し「読む」効果についての研究がないことである。第三の特徴は、精神疾患の患者以外の対象についての研究が非常に少ないことである。このような日本における詩歌療法の研究を詩型と詩作の形式から、短歌と俳句を用いた研究、連句を用いた研究、冠句と継句を用いた研究の三つに分け、その心理的な治療効果と説明理論を取り上げたい。

（1）短歌と俳句を用いた研究

これまでの研究は、治療者が患者に短歌あるいは俳句を詠むことを勧め、その心理的な治療効果を検討したものであった。

短歌を用いた研究例は少ないが、加我君孝（1975a, b）と形浦昭克（1985-6）による咽頭及び頭頸部の悪性腫瘍・癌患者に行った研究がある。加我の研究報告は、日本における詩歌療法の最も早い報告と考えられる。これらの患者は、その疾患ゆえに発語機能が侵され、話すことは困難であったが、書字機能には問題がなかった。そこで、文字に書くことにより患者との意思の疎通を図ろうとした。短歌は、俳句に比較して感情を表現することが容易であるため、患者に短歌を詠むことをすすめた。治療者は作歌についてほとんど介入しなかったが、患者は過去に短歌を詠んだ経験がなくとも短歌を詠むことができた。その結果、患者とのコミュニケーションが可能になり、患者の鬱積した感情は和らぎ、自分の感情や意思を表現することで闘病生活に充実感を感じるようになったことが報告されている。

これらの研究報告には、心理治療的な効果の機制についての説明はない。短歌は、感情的色彩を帯びた言葉を用いて感情を表出することができ、詩型は表現にまとまりを与え、同時に思いをはっきりさせることに役立つ。それゆえ、患者は、鬱積した感情を表出することにより心理的な緊張を低下させ、思いを表現することで自分と外界の認知を変化させることができたと考えられる。

俳句を初めて臨床の場で用い、その心理治療的な効果を報告したのは飯森眞喜雄（1978）である。[注25] 俳句を用いた研究には、患者が俳句を詠み、治療者がそれを聴くという個人療法と複数の患者が集まり句会形式で俳句を詠む集団療法の二つがある。

飯森（1978, 1990）は、精神分裂病（統合失調症）の患者を対象にはじめは患者の俳句に耳を傾ける個人療法を行い、治療者との間に共感的な人間関係が形成されたと認められた後に、他の患者と句会を行う集団療法に移行した例を報告している。梶原和歌（1986）は、複数の患者による句会形式の集団療法を行った。これらの研究はいずれも、俳句を詠み、互いに感想を述べ合うことで共感が生じ、他の人とのコミュニケーションを改善・回復させることができたと報告している。

山中康裕（1990）と田村宏（2002）は、心身症の患者に俳句を用いた個人療法を行った。山中の症例では、患者はときどき短歌も詠んできた。その結果、症状が軽快し、対人関係が改善された。田村（1999）は、うつ病の患者に個人療法を行い、患者の俳句を治療者が一緒に推敲することで認知的な変容を導き葛藤を解消した例を報告している。

（2）連句を用いた研究

連句は、複数の人が集まって長句（五・七・五）と短句（七・七）を交互に付け合う詩歌であるが、臨床においては多くは患者と治療者の二人で行い、複数の患者で行った報告は少ない。それは、治療場面の統制と治療効果をより明確に把握するためであった。連句の句数は、十八句（半歌仙）あるいは三六句（歌仙）が多く、式目に従わない自由連句である。このような連句による心理療法を連句療法と呼んだのは浅野欣也（1983）であった。現代詩を用いる連詩療法（コラボレイティブ・ポエム）にあっては、複数の人により詩作が行われることが多く、患者と治療者の二人で行う連句は日本における詩歌療法の特徴と言うことができる。連句は、その場で詠む場合もあれば、宿題として詠んでくることを求める場合もある。浅野（1990）は、連句療法の目的は疾患の治療ではなく、環境への適応の改善であると言っている。連句療法は、さまざまな精神疾患の患者に適用され、次のような研究が報告されている。

神経症患者について、浅野（1983）は連句療法により症状の軽快と気分の回復が見られたとした。青年期境界例の患者について、星野惠則（1986）は脅迫症状が軽度になり現実的な適応行動が認められるようになったと言っている。心因痛の患者について、星野（1990）と田村（2002）は（田村は俳句療法の後に連句療法を行う）身体症状が軽減し心気的な訴えも減少したと言う。うつ病の患者について、星野（1986）は患者による途中の中断により効果は不明であったが、田村（1990）は躁うつ病の患者に症状の軽症化の傾向が認められたとした。

精神分裂病（統合失調症）について、星野・田村（1990）と田村（1999）は、世間に通用する言葉の世界から長らく離れてしまった慢性期の患者にも言葉の回復傾向がみられ、現実の認知・検討能力の改善が認められたとしている。志村実生（1990）は、慢性期の患者と行った連句をかなの書家に清書を依頼し、ワープロによる活字を添えた冊子を作り渡した。患者の連句は、時間の経過と共に次第に現実とのつながりを示す言葉と生活の匂いを感じさせる句が多くなった。この他、浅野（1990）や田村（1991）の報告も、連句療法が有効な療法であるとしている。

連句療法の心理治療的な効果は、精神的な疾患により異なるが、他の人との意思の疎通に障害のある者には連句の「付合」がコミュニケーションを改善し、鬱積した感情を表出できない者には句作が感情の表出を容易にした。連句の詩型（五七五と七七）と形式（長句と短句を付け合う）は、観念奔逸的な者にはまとまりのある思考へと導き、自己同一性を混乱させている者には連句の過程を振り返ることで自己の連続性を確かめることに役立った。そして、連句を互いに声に出して読むことは、他の詩歌を用いた場合と同じようにこれらの効果を強めた。しかしながら、患者の病歴の長さにもよるが、週一回の連句療法の効果が認められるようになるには早くても数ヶ月、多くの症例では数年かかることが多かった。日本の研究報告にはないが、マッツアによれば精神的疾患がなく心理的に悩んでいる人への連詩療法（コラボレイティブ・ポエム）を用いた研究では、数週間あるいは数ヶ月で（ベンの事例は二年で例外的である）効果が認められるようになった。連句療法の場合、対象者や詩作の形式の違いばかりでなく、実施方法も影響しているのかもしれない。今後の検討課題である。

(3) 冠句と継句を用いた研究

研究例は少ないが、冠句《かんく》と継句《つぎく》を用いた研究がある。山根寛(2011a, b.)は、冠句を自由短詩技法と呼んで統合失調症や感情障害などの患者の精神科作業療法に用い、その結果を報告している。詩作の方法は冠句の場合と同じである。与えられた冠題(上の句五文字)に参加者がそれぞれ七・五の下の句を付ける。[注26] たとえば、山根の『冠難辛句』(2011b)に次のような患者の冠句がある。これらの冠句は、「こころの病い」が患者の間で話題になったときのもので、一時間以上も互いに話し合っていたと言う。

(冠題) こころの病い (付句) そう言われても何か変
〃 きれいに呼んでも気は重い
〃 元気を出して病いも生きよう

冠句を詠むことの心理治療的な効果について、山根は心理的な緊張を発散・解除し、他の人との交流を促進する効果が最も大きく、次に感情のカタルシスが、最も効果の小さかったのは自己洞察であったと言っている。冠句を詠むことにより心理的な緊張が低下し鬱積した感情が解放されたのは、冠句の詩作過程の直接的な効果というよりも、他の人びととの交流、コミュニケーションによるもので、他の人たちも自分と同じように感じ・思っているという共感が大きく作用していると考えられる。山根は、この方法が急性期の患者を除き広く適用可能であるとしている。

継句とは、青山宏ら（1999）が精神科デイケアで行った「付け句遊び」と呼んでいる方法で、複数の人が集まり前の人が詠んだ俳句の下五文字を、次の人が俳句の上五文字として詠み継ぐ詩作形式を言う。たとえば、

遠ざかる　セピア色した夏の恋
夏の恋　日焼けとともに　薄らいで

このように詠み継ぐ。継句という名は、冠句に倣って著者が『詩歌に救われた人びと』（2015）において名付けたものである。青山らは、継句の心理的な効果として、自分の句に他の人が付句をすることで、自分が認められたように感じ、人間関係に好ましい影響を与えるとしている。継句は、詩作が連句よりも容易であり、コミュニケーションを促進させる方法としては有効である。しかし、前句の制約が大きく、詠む人の感情や想いを表現することが難しく、言葉遊びになる傾向が避けられない。それゆえ、青山らが「付け句遊び」と言ったのも理解できる。

冠句も継句も他の人との交流・コミュニケーションを促進させる方法としては有用であるが、鬱積した感情の解放と認知的な変容を生じさせるために用いようとするならば、冠句についてはどのような冠題を用いたらよいか検討する必要があり、継句については詩作過程をどのように統制したらよい

かという問題がある。

（4）理論的な説明

これまで見てきたように、日本における詩歌療法の研究の多くは、俳句と連句を用いたもので、現代詩を用いた研究報告はない。しかも俳句や連句を用いた研究もそれらを「詠む」効果についてであり、「読む」効果についてではない。それゆえ、次に問題とする詩歌の心理治療的な効果の理論的な説明は、俳句と連句を「詠む」効果についてであり、他の詩型と「読む」効果の説明に適用する場合には注意する必要がある。

俳句の心理治療的な効果の理論的な説明は、飯森眞喜雄（1990, 1998）により試みられており、その所説はおよそ次のように要約することができる。精神分裂病（統合失調症）患者の句作は、「想像上の聴き手」への語りかけであり、「想像上の聴き手」は患者が共感的傾聴者を得ることで治療者あるいは句作を共にする現実の他者に置き換えられ、患者はコミュニケーション欲求を充たすことができるようになると説明している。同時に、患者は句作を繰り返し、推敲を重ねることで（飯森は治療的推敲法と言っている）、外界への認知を変容させると言う。飯森の言う治療的推敲法は、高浜虚子が『俳句の作りよう』であげている俳句の三つの推敲法にきわめて類似している。[注27]

飯森は、患者の句作は「想像上の聴き手」への語りかけとするが、それはもう一人の自分なのか、あるいは自分とは異なる他者なのか。この問いを解く手掛かりは、T・S・エリオット（Eliot, T. S.）

の詩における声と芭蕉の言う連衆《れんじゅ》にある。

エリオット（1953）は、詩劇において聞こえる声を主題とした講演「詩における三つの声」（綱淵謙錠訳）において、詩を読むとき三つの声が聞こえると言う。第一の声は詩人が自分自身に話しかける声であり（多くの抒情詩）、第二の声は詩人が聴衆（他者）に話しかける声で（叙事詩、諷刺詩、書簡詩）、第三の声は詩中の人物が他の人物に話しかける声である（詩劇）[注28]。さらに第四の声のあることを示唆している。それは、没個人的な声で、神あるいは神の声を伝える予言者の声であり、シェイクスピアの詩劇（たとえば『リヤ王』）などの詩句から聞こえてくる声であると言う。

山本健吉（2000b）は、『俳句とは何か』において、すぐれた俳句であればエリオットの言う第一の声と共に第二の声が聞こえてくるとして、芭蕉の句「むざんやな甲《かぶと》の下のきりぎりす」をあげ、この句から芭蕉が自分自身に話しかける声と虫供養の実盛祭りをしなければならない農民に話しかける声の二つの声が聞こえると言う（「芭蕉と現代」[注29]）。山本によれば、芭蕉の俳句（発句）には、たいていの場合、「自分自身にささやきかける声が第一の声としてきこえ、次に特定の人に話しかけ、同時に座に居並ぶ人たちにも聞かせるような第二の声がきこえる」。この第二の声は、句作の生活協同体的なつながりを意味し、二つの声が要請される発句と連句の場から生じるとする（「座の文学」）。しかし、俳句が、「共通の趣味・娯楽・学芸などによって結ばれた心縁関係」である連衆《れんじゅ》からも、連句の場からも遊離して単独で詠まれるようになると、第二の声は消滅してしまったと言っている（「芭蕉と現代」）。

現代詩には、他者に語りかける詩もあるが、そうでない詩もある。たとえば、ホイットマン

(Whitman, W.) と共にアメリカの国民的詩人と言われるディキンソン (Dickinson, E.) は、三十歳頃から二十五年もの長い間、自邸を出ることも家族以外の人との付き合いもほとんどなく詩を書いていた。その詩は数篇を除いて生前に発表されることはなかった。発表された詩も匿名であった。ディキンソンが詩を書くとき、「想像上の聴き手」はいたのであろうか。この問いの答えは、どの詩にも題名がないことにあると考えられる。[注30] 詩の題名が必要なのは他者のためであって、自分のためだけに書いた詩ならば題名などいらないからである。ディキンソンの詩は、「小さくて大きな詩的世界」と言われ、その詩は多くの人に読まれ、苦悩する人びとの心を癒してきた。そのことは、マッケンジーとダナ (MacKenzie, C. & Dana, B. 2012) の編集した『空よりも広く――エミリー・ディキンスンの詩に癒された人々』(大西直樹訳) によっても知ることができる。では、なぜ詩人が自分のために書いた詩であっても、読む者に自分への語りかけと聞こえるのであろうか。

エリオットは、「詩における三つの声」において、詩人が自分自身に話しかける第一の声について次のように言っている。詩人が自分自身に話しかけ、他の誰にも話しかけない詩を書くとき、詩人は自分の内部に生じた「朦朧とした衝動」に言葉を与えることに専念しており、他の人に何かを理解させようとする意識はない。詩人は、自分の内に生じた「はげしい不快感」から解放されようとして、自分の気持にぴったりした言葉を探し出し、置き換えようとする。それが終わるとこの状態から解放される。詩が自分のためだけのものであるならば、それは私的な未知の言葉で書かれ、詩にならないと言う。確かに、統合失調症末期の患者が書く意味不明・了解不能な詩歌を考えるならば明らかである。エリオットの所説を敷衍するならば、詩人が自分自身に向かって話しかけている詩であっても、詩が他者と共有される言葉で書かれ、詩を読む者に共感が生じるとき、他者へ語りかける声が聞こえるようになると考えられる。たとえば、工藤直子の詩「花」「わたしは／わたしの人生から／出ていくことはできない／／ならば　ここに／花を植えよう」に共感する人は、この詩が自分への語りかけと聞こえるからである。

俳句療法の臨床報告では、患者の句作に対する治療者の承認が、患者の現実世界への復帰に大きな役割を果たしていたことが報告されている。飯森は、患者が共感的傾聴者を得て、句作における「想像上の聴き手」を現実の他者に置き換えることによりコミュニケーション能力を回復させたと説明しているが、その心的機制はバーガーとルックマン（1966）による社会構成主義の「現実」に関する所説、仮想的な現実（詩）が言葉により他者と共有されることで生きた現実となるという説により説明可能と考えられる。

連句療法の心理治療的な効果についての理論的な説明は、浅野欣也（1990）により試みられている。浅野は、連句療法の目的は疾患の治療ではなく環境への適応の改善であり、他者とのコミュニケーションの回復にあると言っている。連句において、他の人の前句を読み、共感しながら付句を思案するとき、会話の受け手となる。次に、自分が付句を詠み、自分の感情や思いを言語化し表出するとき、その人は会話の送り手になる。連句は、交互に付句をすることで会話の受け手と送り手を繰り返すことになり、コミュニケーションの基本を経験することになる。これは、連句そのものがコミュニケーションの構造を持っているからである。浅野は、連句の付合的な人間関係を「座の構造」と呼び、コミュニケーションを改善し、鬱積した感情を表出させるのはこの「座の構造」にあるとしている。

連句の「座の構造」について考えるとき、尾形仂（1997）の『座の文学』における論考はきわめて有益である。連句の座は連歌の座を継承したものであるが、尾形によれば、連歌における座の心理的な効用は古くから語られてきたと言う。たとえば、連歌の座について、「悪心を起こし、互いに敵心をさしはさみぬとも、一度座に会《あい》つらなれば、うらみを忘る」「すべて歌道の友は、まさしきいとこよりなほ近き本文あり」（『馬上集』連歌廿五徳）などの記述がある。また、「そもそも連歌をする人あらば、いかに下輩の者なりとも、あるいは憎たち地主たち、政所にては地頭殿と、よき所にては同座し、あるいは上戸は古酒を、心のままに飲むべきなり、さてまた下戸はよき茶をたてて、思ふままに飲むべきなり」（天正狂言本『連歌十徳』）とあると言う。さらに、宗祇の言葉に、「おほかたの連歌の友は、従兄ほど親しきぞと申しはべり。げに初めて見る人なれども、連歌の座にて寄り合ひぬれば、互に親しみたる心地してはべるにや。老いたるは若きに交わりたるも苦しからず、高きは賤しきをも嫌はぬは、ただこの道ならし」（『淀の渡り』）とある。尾形は、これらの記述は当時の連歌の座についての通念を記したものであり、連歌の座に同席したことによる親しみ、そこに流れるものが、いわゆる連衆心《れんじゅしん》であると言っている。

この連衆心こそ連句の座の根幹をなすものであり、尾形によれば、連句の「座」につらなるということは次のようなことを意味すると言う。『是非』の世界である四民秩序の中での肩書き・姓名を捨てて俳号を名のることが象徴しているように、日常世界における縁類や身分関係から解放された一人の人間になることだ。人間存在の孤独を自覚する者同士が、俳諧という笑いの詩形に載せて真情を通わせ合うことにより、日常性とは別次元の新しい関係においてつながり合う。そこから生まれる連帯感がいわゆる連衆心である」と言っている。連歌にヒントを得た連詩について、大岡信（1987）は連詩が芸術性よりもコミュニケーションを求めるものであり、「(連詩は) 詩の作者同士の間で、生き生きした対話」(『ヴァンゼー連詩』) を求めるものであると言う。それゆえ、連歌、連句、連詩などの詩の行を互いに付け合う詩作形式の詩は、いずれもコミュニケーションの促進・改善という心理的効果を生じさせると言うことができる。

詩歌療法の心理治療的な効果についての飯森や浅野による理論的な説明は、精神疾患の患者を対象に俳句と連句を用い、「詠む」効果の研究結果に基づいたものであり、この説明を一般化するためには現代詩や連詩（コラボレイティブ・ポエム）についての研究と詩歌を「読む」効果についての研究が必要である。なぜなら、研究結果が対象と方法に強く制約されているとき、その説明は限定的だからである。本書の前著『詩歌療法――詩・連詩・俳句・連句による心理療法』(2012) と『詩歌に救われた人々――詩歌療法入門』(2015) において、詩歌療法の心理治療的な効果は感情の解放と認知的変容にあることを指摘してきたが、その機制については十分に説明されないままであった。そこで、本書の第6章の「詩歌療法のカタルシス理論」において、感情の解放と認知的変容の機制を詳しく考察することにした。

第6章　詩歌療法のカタルシス理論

詩歌療法には、二つの主要な効果のあることが知られている。ひとつは鬱積した感情の解放であり、もうひとつはそうした感情を生じさせている事象の認知の変容である（小山田隆明 2012, 2015）。これら二つの効果を説明する理論を構築しようとするならば、アリストテレスのカタルシス（catharsis）は最初に検討しなければならない概念である。なぜなら、ブロイアーとフロイトは、ヒステリー患者の心的外傷後ストレス障害のような感情を除去するのに催眠カタルシス法を用いており、カタルシスは現代においても心理臨床の重要な概念のひとつであり、その起源はアリストテレスにあるからである。それゆえ、詩歌療法の二つの主要な効果は、カタルシス理論によりどのように説明できるか検討しなければならない。

1　カタルシスとは

アリストテレスの『詩学』におけるカタルシスには、古くから二つの意味のあることが多くの研究者により指摘されてきた（今道友信 1972, 田村康夫 1996, 岡道男 2012 などに詳しい）。ひとつは、悲劇が観客の心に模擬的に再現する同情（あわれみ）と恐怖（おそれ）の感情の瀉出《しゃしゅつ》（放出、流出）という意味である。『政治学』には、音楽による類似の体験の再現が感情を消散させるというカタルシスについての記述がある。もうひとつは、同情と恐怖の感情が抑制され道徳的によりよいものに浄化（純化）されるという意味である（本書第1章「1　詩学――アリストテレス」を参照）。

近世において、アリストテレスのカタルシス概念の解釈に大きな影響を与えたのは、レッシング、ベルナイス、[注1] そしてゲーテであると言われている。ゲーテは、文芸理論の立場からカタルシスを観客の感情に関係づける解釈を否定していると言う（梶野あきら 1959, 田村康夫 1996）。それゆえ、ここでの考察からゲーテの解釈を除くことにした。田村康夫（1996）によれば、レッシングはカタルシスを倫理的な意味に解釈し、ベルナイスは医学的な意味に解釈していると言う。そこで、主として田村の論考に依拠してレッシングとベルナイスの所説を検討することにした。

田村は、レッシングの『ハンブルグ演劇論』[注2] の記述から、「悲劇の憐れみは、（憐れみに関しては）あまりに憐れみを感じすぎる者の魂ばかりでなく、感じることの少なすぎる者の魂も浄化しなければならない。悲劇の恐れは、(恐れに関して) 不幸というものにまったく恐れを知らない者の魂ばかりでなく、ありとある不幸に、それが遥かに遠くのものであれ、ありそうにないものであれ、不安を抱く者の魂を浄化しなければならない」を引用している。そして、レッシングのカタルシスとは、情熱を両極端から矯正・純化して中庸という徳性に変化させることであり、観客の心に生じた感情・情熱・激情を倫理と人倫への意志に方向づけることであると言っている。この解釈は、アリストテレスの『ニコマコス倫理学』第二巻第六章の「中庸」によるものと考えられる。しかしながら、感情の生起から倫理的目標に到る過程についての説明はない。詩人・劇作家・思想家であったレッシングにとって、何を目標とするかが重要であり、過程は重要でなかったのかもしれない。

古典文献学者のベルナイスは、『悲劇の作用に関するアリストテレスの失われた論文の基本的特質』[注3] (*Grundzüge der verlorenen Abhandlung des Aristoteles über Wirkung der Tragödie*. I. Band.) (初版 1857. 引用は 2018 Wentworth Press) という論文において、アリストテレスのカタルシスを医学的・祭祀的な意味に解釈している。「(カタルシスは) 身体的なものから心的なものへ転用された用語で、鬱屈した者の治療を意味している。この治療は、鬱屈させる要因を変化・抑圧しようとするものではなく、この要因を煽り強めることで、鬱屈した者を軽快させようとする」。この記述から、田村はベルナイスのカタルシスを次のように理解できるとしている。すなわち、カタルシスとは、医学療法にあっては、薬剤の投与により体内の病因となる物質を体外へ排出・除去することであり、これにより病気は軽くなり健康の回復がはかられる。祭祀にあっては、憑依・陶酔状態にある者は、狂騒的な歌唱の作用を受けてさらに恍惚の快に没頭 (入) するが、やがて医学的治療を受けたかのごとく、軽くなり失われた均衡を回復する。したがって、田村は、ベルナイスのカタルシスを類似療法[注4]（ホメオパシー homeopathy）による効果として説明している。

カタルシスの医学的と祭祀的な意味の関係について、狩野陽（1989）によれば、ベルナイスは「（カタルシスは）医学的に瀉下《しゃげ》として、宗教と典礼の面で浄め、祓い、禊ぎとしての、道義のうえで贖罪、償いと浄めとしての意味を持つが、それらは分離し難い」としている。狩野は、ベルナイスのカタルシス解釈が当時の研究者に影響を与えたが、臨床で催眠カタルシス法を用いたブロイアーとフロイトへの影響については明らかではないと言っている。

これまで見てきたように、カタルシスは、感情の放出・瀉出《しゃしゅつ》に関しては心理学的・医学的な解釈が、感情の浄化・純化に関しては倫理的・道徳的な解釈がなされてきた。それゆえ、カタルシスの概念には二つの異なる意味があるとされる。

2　カタルシス説の詩歌療法への適用――カタルシスの二過程

田村は、「ゲーテのカタルシス解釈とその周辺」において、「観客の心に『憐れみと恐れ』の激情を生ぜしめること、これを（カタルシスの）第一段階の効果とすれば、喚起された激情を倫理的に変化せしめる浄化（カタルシス）、レッシングが解釈するこの浄化はいわば（カタルシスの）第二段階目の効果である」と、カタルシスの二つの効果は継時的に生じる効果であると言っている。この指摘は、詩歌の心理治療的な効果の説明にとって重要である。なぜなら、本書事例集のミル（Mill, J. S.）、アップチャーチ（Upchurch, C.）、そして鶴見和子の事例に認められた詩歌を詠み・読むことによる効果は、いずれもはじめに感情の解放が生じ、次に認知の変容が生じていたからである。そこで、感情の解放と認知的変容を継時的に生じるカタルシスの二つの過程と考え、感情の解放をカタルシスの一次過程、認知的な変容をカタルシスの二次過程として検討することにした。

（1）カタルシスの一次過程──感情の解放

カタルシスの一次過程は、鬱積した感情を解放する過程で感情の再現と言語化に深く関係している。そこで、臨床でカタルシス法をおそらく初めて用いたブロイアーとフロイトの所説を検討することにした。ブロイアーとフロイトの論文の引用は、ストラキー（Strachey, J.）監修・訳 *Studies on Hysteria*（The Hogarth Press, 1955）を用い、金関猛訳『ヒステリー研究〈初版〉』（中央公論新社 2013）とブリル（Brill, A. A.）訳 *Studies in Hysteria*（Beacon Press, 1950）を参考にした。

ブロイアーとフロイトは、共著『ヒステリー研究』（初版）の論文「ヒステリー現象の心的メカニズムについて（暫定報告）」において、カタルシスに初めて言及している。しかし、この共著論文では、カタルシスという用語はただの一度しか用いられていない。それは、次のような記述の後に用いられている。すなわち、記憶が色あせ、その情動が消失するには、いろいろな要因が関与している。情動の消失に関して最も重要なのは、情動を生じさせた出来事に強く激しい反応が生じたか否かである。

「泣いて心痛を晴らす」(sich ausweinen)、「怒りをぶちまける」(sich austoben) ような情動反応が十分に生じたならば、情動の大部分は消失する。精神的に傷つけられた者のトラウマに対する反応が適切であるならば、「カタルシスの効果 (cathartic effect) は間違いなく生じる」。ここで初めてカタルシスと除反応 (abreaction: ドイツ語 abreagieren) という用語が用いられている。言葉は行為の代替となるので、情動は言葉の助けを借りてほとんど除去されるとしている。

フロイトは、カタルシス法という名称はブロイアーが名付けたと言っているが、そのブロイアーは『ヒステリー研究』(初版) の論文「アンナ・O嬢」の病歴と「理論的考察」でカタルシスという用語をひとつも用いていない。それに対して、フロイトは、同書中の論文「ヒステリーの精神療法」ではカタルシス法という用語を頻繁に用い、カタルシス概念についても詳しく論述している。そこで、この論文に依拠して、カタルシスとカタルシス法について検討することにした。

「ヒステリーの精神療法」において、フロイトは反応が行為であれ、行為の代替としての言葉による表出であれ、情動の「反応による除去」をカタルシスと言い、カタルシスを生じさせる処置あるいは方法をカタルシス法と言っている。そして、ヒステリー症状の有効な治療法としてカタルシス法を見出したと言い、次のような「暫定報告」の最初の部分の記述を引用している。「呼び起こされた出来事の記憶を明確にすることができ、さらに記憶に付随している情動を呼び起こすことができ、そして患者がその出来事について可能な限り詳細に物語り、その情動を言葉に置き換えたとき、個々のヒステリー症状は直ちに、そして永久に消失した」。次に、「暫定報告」の最後の部分を引用して、「(除反応されていない表象により) 動きがとれなくなっている情動には物語ることによってはけ口を与え、

（軽い催眠のもとで）正常な意識状態へと引き戻し、あるいは精神科医の暗示によってその表象を取り去る、・・・そうした表象を連想によって修正する」と説明している。

フロイトは、臨床経験からカタルシス法の限界についても指摘している。カタルシス法は、どんなヒステリー症状でも除去できるが、神経衰弱（不安神経症を伴う心気症）にはまったく効果がないと言い、不安神経症についても効果はまれで、効果があっても間接的であり、カタルシス法の効果は病像に占めるヒステリーの構成要素の程度によるとしている。さらに、カタルシス法は、ヒステリー発症の急性期が過ぎ、ヒステリー症状だけが残っている状態になると効果を示すが、症状を除去できても、その原因は除去できず、カタルシス法は対症療法であって原因療法ではないと言っている。フロイトは、その後カタルシス法の限界を克服するため連想法へと治療の方向を転換していく。

詩歌療法の心理治療的な効果を検討するとき、フロイトのカタルシス法の効用と限界についての指摘は示唆に富んでいる。カタルシス法は対症療法であって原因療法ではないという指摘は、詩歌療法における鬱積した感情の解放・消散の機制を検討する手掛かりになる。そこで、はじめに詩を「読む」場合について、次に詩を「詠む」場合について検討したい。

詩を「読む」場合、カタルシスの一次過程は、本書事例集のミルやアップチャーチの事例にみられるように、人は抑うつ状態や怒りの感情にあるとき、自分の感情が的確に表現されている詩の詩句、詩の行、連（スタンザ）に出会うならば、「そうだ」「その通りだ」と詩に共感する過程である。詩と詩人への「共感」は、詩人にも自分と同じような感情体験のあったことを知ることにより生じ、感情を解放し瀉出させる。しかし、「共感」は、鬱積した感情を解放し弱めるにしても、そのような感情の原因を除去・消失させることはできない。ミルの抑うつ感情がコールリッジの詩を読んでもワーズワスの詩「オード・幼少時の回想から受ける霊魂不滅の啓示」の最初の数連を読んでも消失しなかったように、またアップチャーチの怒りの感情がシェイクスピアの『ソネット集』のソネット二九を読んでも消失しなかったように、鬱積した感情の原因を除去・消失させるためには次の過程を必要としていた。

詩を「詠む」とは、多くの場合、鬱積した感情を言葉により再現することである。それゆえ、詩を「詠む」場合のカタルシスの一次過程は、感情や思いを言語化する過程である。本書事例集の鶴見和子の事例にみられるように、鬱積した感情を言葉で再現することで、感情は言葉に吸い取られ、解放・瀉出され、心理的な緊張を弱めた。しかし、詩を「読む」場合の「共感」と同じように、「言葉による再現」だけでは鬱積した感情の原因を除去・消失させることはできず、感情の言語化が繰り返され、感情的な言葉の羅列であったものが、詩の形に整えられる次の過程が必要であった。

(2) カタルシスの二次過程——認知的な変容

カタルシスの二次過程は、詩歌を読み・詠むことで新しく開示された自己と世界により認知的な変容が生じる過程である。詩を「読む」場合のカタルシスの二次過程は、詩人田村隆一（1969）の「詩に出会った瞬間、世界が新しくなる」という言葉に的確に表現されている。詩は、どんなに短い詩であっても、詩人により新しく開示された認知的な世界の表現だからである。それゆえ、詩は読む人の認知に影響を与える。たとえば、工藤直子の詩「花」の最後の二行「ならば　ここに／花を植えよう」は、新たな認知的な世界の開示である。（この詩は、第5章の「2　詩歌療法の基礎となる諸理論（2）個人心理学とゲシュタルト療法」でも引用しているので参照のこと）。

本書事例集のミルが、抑うつ状態から回復するためには、ワーズワスの詩に出会うことが、また事例集のアップチャーチが怒りの感情を克服するためには、シェイクスピアの『ソネット集』を読まねばならなかった。それらの詩の詩句、詩の行、連（スタンザ）は、詩人により開示された新たな認知的な世界を表現したもので、ミルもアップチャーチもそれまで持ち続けていた価値観とは異なるものであった。

ミルの事例では、ワーズワスの詩「オード・幼少時の回想から受ける霊魂不滅の啓示」の最後の連（スタンザ）は、生きる目的を失っていたミルに新しい価値観をもたらした。

生きる支えとなる人の心のおかげにより、
人の優しさ、歓び、そして気遣いにより、
私は花をつけた名もなき草木さえ、
しばしば涙あふれるほどの深い感動をもたらす。

アップチャーチの事例では、ソネット一二七を読むことで新たな価値観を得て生まれてからずっと縛られていた「黒」（ニガー）の呪縛から解放された。そのソネットのはじめの四行は次のようである。

昔の人は黒を美しいとは思わなかった、
思ったとしても美の名で呼ばなかった、
だがいまは美の正当な相続人であり、
従来の美は私生児の汚名を着せられている。

（小田島雄志訳）

詩人により開示された新しい価値観は、それまでの自己や世界の認知を変化させ、鬱積した感情を生じさせていた原因を取り除き、自己をこれまでとは異なる新しい方向に導く。それゆえ、詩を「読む」場合のカタルシスの二次過程は、認知的変容の過程であると言うことができる。

詩を「詠む」場合のカタルシスの二次過程は、事例集の鶴見和子のように、鬱積した感情を表す言葉を探し、取捨選択し、並び替えて、詩句あるいは詩の行とする短歌の作歌過程にみられる。豊かな語彙と巧みな表現技術を持つ詩人であっても、推敲することなく自分の感情や思いを的確に表現することは難しい。そこで、感情体験と言葉を繰り返し照らし合わせ、思い浮かぶ言葉を並び替えながら、感情体験を詩に再現しなければならない。この推敲の過程でさまざまに連想が働き、言葉の新しい組み合わせや結びつきが試みられ、それらは認知を変化させる契機（気づき）になる。鶴見和子の事例には、短歌を繰り返し「詠む」ことで、かつて関わりのあった水俣病の人（水俣人）や被爆者（渡辺千恵子）に左片麻痺の自分を重ね合わせ、身障者となっても社会的に生きようと自分への認知を変えていく過程がみられた。

詩を「読む」場合には、詩人により開示された新たな認知的な世界に出会うことにより、詩を「詠む」場合には、詩作の推敲過程での連想と言葉の新しい結びつきにより、認知的な変化が生じていた。それゆえ、詩を「読み」「詠む」ときのカタルシスの二次過程は、いずれも認知的変容の過程であると言うことができる。カタルシスの二次過程は、自我を支える新たな価値観を得てこれまでの自己と世界の認知を変える過程であり、この過程により導かれた心理的に安定した状態は、心理的な危機以前の状態への復帰ではなく、新たな状態の創造である。それゆえ浄化・純化を意味すると言うことができる。

＊

これまで考察してきたように、詩歌療法の心理治療的な効果を説明するカタルシス理論は二つの過程から構成される。詩を「読む」場合には、読んだ詩に共感し、鬱積した感情を共有することで心理的な緊張を解放・減弱させる一次過程の後に、それまでとは異なる新しい価値観を開示した詩に出会う二次過程が自己と世界についての認知を変容させる。詩を「詠む」場合には、鬱積した感情を言葉に再現・表現することで心理的な緊張を解放・減弱させる一次過程の後に、連想と言葉の新しい組み合わせや結びつきが新しい価値観に気づかせる二次過程が認知的な変容を生じさせる。ただし、このような説明は、詩歌療法により「救われた人びと」についての説明であることに注意する必要がある。

3　詩歌療法のカタルシス理論

（1）詩歌療法の特徴

詩歌療法の対象は、何らかの理由で心理的に身動きのとれないスタック（stuck）状態[注5]にある人たちや鬱積した感情を解き放つことのできない人びとである。詩歌療法は、そのような人たちに詩歌を詠むことを勧め、あるいは詩人の詩歌を処方し読むことを勧めて、心理的・感情的なスタック状態から解放しようとする。このような詩歌療法のほとんどすべての研究報告に、明確に記述されていないが誰もが気がつく前提がある。それは、なぜスタック状態になったのか、その原因を明らかにするために詩歌を用いていないことである。詩歌療法では、スタックの原因を明らかにするために読む詩を処方することもなければ、詩を詠むように求めることもない。そして、詠んだ詩を精神分析的に解釈することもしない。このような詩歌療法の性格は、どのように理解したらよいのであろうか。

詩歌療法は、現在の心理的なスタック状態の原因が過去の体験にあるとしても、スタック状態を生じさせた過去の体験に直接向き合うことを心理的治療の基本としていない。そのことは、詩歌療法の最も初期の研究者であるリーディ（1969）が、うつ状態にある人に処方する詩ははじめは悲しく物憂げな雰囲気がありながら、詩の終わりに向かって次第に希望とオプティミズムが感じられる詩が効果的であるとした報告にすでに認められる。したがって、詩歌療法は、人間は過去の体験よりも未来への期待（目標）によって大きく動機づけられるというアドラー（2011）の個人心理学や、過去の体験の想起よりも現在の自己と環境への「気づき」を重視するパールズ（1973）のゲシュタルト療法ときわめて近い関係にあると言うことができる。

詩歌は現実に触発された空想あるいは仮想であるが、詩人リーヴズ（1965）の言うように、作品となった詩は詩人にとっても詩を読む者にとっても単なる仮想（虚構）ではなく「仮想的現実」であり、それゆえに影響力を持つ。作品（詩）が「生きた現実」として影響力を持つようになる機制の説明は、バーガーとルックマン（1999）の社会構成主義の「現実」の構成とその作用に関する所説により説明が可能である。バーガーとルックマンは、「現実は社会的に構成される」という言葉にその主張を簡潔に表現しているように、私たちが生きている現実は他の人びととの交流・相互作用において作り出されるものであり、この現実を維持するためには人びとの間の会話（言葉の交換）が必要で、現実は言語化されることで維持されると言う。このような「現実」についての理論を詩歌に適用するならば、詩歌の言葉が読む人に共有され共感を生じさせるとき、詩歌の「仮想的現実」は影響力のある「生きた現実」になると考えられる。詩句を互いに付け合う連詩（コラボレイティブ・ポエム）や連句において、詩歌の「仮想的現実」が「生きた現実」に変化することを本書第5章「2　詩歌療法の基礎となる諸理論」において指摘してきた。

このように詩歌療法は、研究者が意識する・しないにかかわらず、アドラーやパールズの理論、社会構成主義、ナラティヴ・セラピーなどの影響の下に臨床研究を行ってきたと言うことができる。

（2）カタルシス理論――感情の解放と認知的変容

人が詩歌を読み・詠むのは、なぜであろうか。それは、心理的なスタック状態から解放され、人生に希望を見出したいためである。本書事例集のミルは抑うつ状態から、アップチャーチはニガーの境遇から解放され、人生に希望を見出すために詩を読み、鶴見和子は病苦を克服するために詩（短歌）を詠んだ。その結果、心理的なスタック状態から解放され、自己を再形成することができた。

詩歌療法には感情の解放と認知的変容という二つの主要な効果があり、その機制については本章2の「カタルシス説の詩歌療法への適用――カタルシスの二過程」において詳しく考察してきた。詩歌療法の感情の解放は、カタルシスの一次過程で、フロイトのカタルシス法による情動の「反応による除去」が生じる過程である。詩を「読む」場合は、詩と詩人への共感により、詩を「詠む」場合は、感情の言語化、反応または行為の代替としての言葉による再現により、鬱積した感情を解放する。サイコ・ドラマの役割演技の中で大声で叫ぶことや、パールズ（1990）がモノセラピーと呼んでいる一人で演じるサイコ・ドラマも感情の解放をより容易にするための技法であるが、詩歌療法でも本書事例集のベンの事例のように書いた詩を声に出して読むことは黙読するよりも効果的であった。しかしながら、このようなカタルシスの一次過程にあっては、鬱積した感情を解放し減弱することができても、その原因を除去・消失させることはできない。

強い感情状態にあっては、意識は狭窄し、思考は硬直しているが、情動が和らげられ、心的な緊張が弱まると、意識は拡がり、思考も柔軟性を回復して、カタルシスの二次過程が生じるようになる。二次過程においては、パールズの言う「気づき」が生じ易くなり、いままで意識されなかった事柄に「気づく」ようになる。さらに自分の意識をコンタクト（繋留）している事象の間で移動・往復させること（シャトル技法）ができるようになれば、いくつもの事柄に同時に「気づく」ことが可能になる。それは、サイコ・ドラマでの新しい役割の演技や他の人との役割の交換が、「気づき」を促進させることからも知られる。このような「気づき」が、今までの自己と外界についての認知に不協和を生じさせるならば、不協和を解消し調和的な認知を得ようとする心理的な力が働き、認知が変化しはじめる。認知の変化は、急激に生じる場合もあれば、徐々に生じる場合もある。それは、「気づき」が急激か緩やかかによる。

詩を「読む」場合は詩の詩句、詩の行、連（スタンザ）が、詩を「詠む」場合には詩作の推敲過程において連想と言葉の新しい結合が、これまでとは異なる世界を開示しているのに気づかせる。この「気づき」が、自己と外界を支える新しい価値観の発見につながる。このようにして得られた価値観（人生観・世界観）は、自己と世界についての認知を変化させ、人びとをスタック状態から解放し、新たな自己形成に向かわせる。カタルシスの二次過程は、「気づき」――認知的変容――新しい価値観の獲得の過程である。詩歌療法は、スタック状態を生じさせた原因に直接向き合うのではなく、問題を新しい文脈の中に置き換えることでその影響力を弱め、新しい価値観により自己を再形成しようとする心理療法である。本書事例集のミル、アップチャーチ、そして鶴見和子も、二次過程において新しい価値観を得て、スタック状態から解放され、新たな自己の形成に向けて歩むことができた。

詩歌療法には、感情の解放と認知的変容という二つの主要な効果があるが、その他に連詩（コラボレイティブ・ポエム）、連句、冠句、継句のような複数の人により詠まれる詩歌には、人びととの間の共感を強め、コミュニケーションを改善・促進するという効果が認められている。

（3）カタルシス理論の拡張――ライフ・ストーリーの書き換え

カタルシスの二次過程における新しい価値観の獲得は、新たな自己の形成を意味した。この自己形成は、現在から未来に向かってこれまでとは異なる生き方のストーリー、ライフ・ストーリーを描くことであり、したがってこれまで行動の枠組みとしてきたライフ・ストーリーを書き換えることを意味する。

アリストテレスのカタルシス概念には、心理学的解釈の他に詩学的と演劇的な解釈のあることは古くから知られていたが、これまでカタルシスがライフ・ストーリーと関連づけて検討されることはなかった。しかしながら、カタルシスの詩学的解釈は、この二つを結びつける手掛かりになると考えられる。今道友信（1972）によれば、カタルシスの詩学的解釈は劇中の出来事の内容のカタルシスで、苦難の浄化を意味し、苦難を生じさせている悪しきものを洗い落とすことで主人公の苦難は高尚なものへと純化されるという解釈である。[注6] したがって、カタルシスの詩学的解釈は、詩劇（悲劇）の主人公の悪しき出来事を善きものへと書き換えることを意味しており、ライフ・ストーリーの書き換えというアイデアをアリストテレスのカタルシスの詩学的解釈から導くことができる。

ストーリー（story）という概念を心理臨床で用い始めたのは、家族療法の療法家たちであった。エプストンとホワイト（Epston, D. & White, M. 1992）は、「書き換え療法――人生というストーリーの再著述」においてストーリー（物語）概念は人びとの経験を理解する基本的な枠組みであるという社会構成主義の所説に依拠して、ストーリーを「自分の経験を枠づける意味のまとまり」としている。ストーリーは、経験を時間軸に沿って配列するゆえに、自分が生きてきた時間を的確に捉え、表現し、構成することができると言う。そして、ストーリーを通して変化していく自分の人生に気づき、出来事の推移を意識することは、「未来」を感知するために重要であるとしている。

本書第5章「2　詩歌療法の基礎となる諸理論（2）個人心理学とゲシュタルト療法」において、詩歌療法には人間は目的・目標によって動機づけられるという人間観があり、アドラーの個人心理学とパールズらのゲシュタルト療法が詩歌療法の基礎理論になる可能性を指摘してきた。アドラー（1954）は、人間は過去の体験よりも未来への期待（目標）によって動機づけられ、達成すべき目標が示されることによって生きているという仮想が作られるとした。この仮想は、詩歌療法においては詩歌により形成される。アドラーにおいて、期待や目標は統覚の図式、すなわち認知の枠組みとして機能し、あらゆる経験を意味づけ、行動を統制するものとされている。それゆえ、心理治療の基本は、これまで保持してきた認知の枠組み（統覚の図式）を「未来の目標」に向けて修正し改変することであり、新たなライフ・ストーリーを描き、それによりこれまでの思考と行動の仕方を変えることにある。[注7] パールズ（1973）のゲシュタルト療法も、現在の心理的・精神的な問題はクライエントの現在についての誤った認知、未来への展望のなさ、あるいは誤った未来展望から生じるとする。それゆえ、クライエントの「気づき」を自己の成長を促すような有意義な課題（テーマ）へと導くことで、すなわち未来への展望を新たなライフ・ストーリーとして描くことでこれまでの思考と行動の仕方を変えようとする。

人間は誰でも、生活のいろいろな領域でいくつものライフ・ストーリーを持って生きているが、その中のドミナントなライフ・ストーリーに現実との間で不協和が生じ、その不協和に耐えられなくなるとき、ライフ・ストーリーは修正・改変など書き換えられる。事例集のミルは、日常の仕事を処理するライフ・ストーリーには何の問題もなかったが、人生をどのように生きたらよいかというドミナントなライフ・ストーリーに疑問を感じ、抑うつ状態になった。そのミルは、ワーズワスの詩「オード・幼少時の回想から受ける霊魂不滅の啓示」を読み、第十一連の最後の四行「生きる支えとなる人の心のおかげにより／人の心の優しさ、歓び、そして気遣いにより／私には花をつけた名もなき草木さえ／しばしば涙あふれるほどの深い感動をもたらす」に共感し、これまでのライフ・ストーリー（ベンサム流の社会改革者になる）を書き換えることで抑うつ状態から脱することができた。事例集のアップチャーチは、シェイクスピアのソネット一二七「昔の人は黒を美しいとは思わなかった／思ったとしても美の名で呼ばなかった／だがいまは美の正当な相続人であり／従来の美は私生児の汚名を着せられている」（小田島雄志訳）を読むことでニガーであることがすべてであったドミナントなライフ・ストーリーを書き換えることができた。事例集の鶴見和子は、脳溢血の後遺症で左片麻痺となった自分を「心身の苦痛をこえて魂深き水俣人に我も学ばん」と水俣病患者に重ね、さらに車椅子で被爆者の実態と核兵器の廃絶を訴え続けた渡辺千恵子への思いを「原爆に下半身なえ寝ねるしまま渡辺千恵子は人魚のごとく」と短歌に詠むことで、身障者になっても社会的に生きようとドミナントなライフ・ストーリーを書き換えている。いずれの事例も、ドミナントなライフ・ストーリーを書き換えることにより、アリストテレスのカタルシスの詩学的解釈でいう苦難が浄化、純化されている。

アドラー（1931）は、『あなたにとり人生とは何か』において、人間は意味の拡がりの中で生きており、意味なしでは生きられないゆえ、人生の意味を追求するとしている。しかし、その追求が私的な（プライベイト）ものであるならば、目標への努力は個人的な優越を求めているにすぎず、それが達成されても他の人びとへの恩恵や利益にはならない。「真の」人生の意味は、他の人びとに恩恵や利益を与えるものの中にあると言っている。それゆえ、ドミナントなライフ・ストーリーが、アドラーの言う「真の」人生の意味の実現に向けられるとき、私的なものが浄化・純化されると理解することができる。事例集のミル、アップチャーチ、そして鶴見和子の事例では、書き換えられたドミナントなライフ・ストーリーは私的な優越を求めるものではなく、他の人びとへの恩恵や利益に寄与するものであった。このようなライフ・ストーリーの書き換えは、カタルシスの二次過程での新しい価値観の獲得の延長線上にあり、従ってカタルシス理論の拡張と理解することができる。

では、書き換えられたライフ・ストーリーが妥当なものであるという保証は、どこから得られるのであろうか。エプストンとホワイトは、他者に認められることと、そのストーリーを人生においてどれだけ演じられる（生きられる）かにかかっていると言う。ライフ・ストーリーは、内的・外的な状況が変化し、現実との間に許容できないほどの不協和が生じるとき、再び書き換えが始まる。そして繰り返される。

これまで考察してきたように、詩歌療法は心理的なスタック状態にある人びとに詩歌を詠み・読むことを勧め、カタルシスの一次過程の感情の解放と二次過程の認知的な変容の過程を経て、これまでの「生き方」のライフ・ストーリーを書き換え、開かれた未来へのライフ・ストーリーを描くことができるように援助する心理療法と言うことができる。

4　カタルシス理論の要約

詩歌療法は、何らかの原因で心理的に身動きのとれないスタック状態にある人たちに、詩歌を詠むことを勧め、あるいは詩人の詩歌を処方して心理的なスタック状態から解放しようとする心理療法である。この詩歌療法は、最も初期の研究から、詩歌を心理的なスタック状態の原因を明らかにするためではなく、未来への動機づけのために用いてきた。それゆえ、詩歌療法は、人間は過去の体験よりも未来への期待（目標）によって動機づけられるというアドラー（2011）や過去の体験の想起よりも現在の自己と環境への「気づき」を重視するパールズ（1973）の所説ときわめて近い関係にある心理療法である。

詩歌（作品）は、単なる虚構ではなく「仮想的現実」であるが、この「仮想的現実」は詩歌を読む人に共有され共感が得られるとき、「生きた現実」になり影響力を持つようになる。この変化は、バーガーとルックマン（1999）らの社会構成主義の「現実」の構成とその作用に関する所説により説明される。

詩歌療法には感情の解放と認知的変容という二つの主要な効果があり、感情の解放はカタルシスの一次過程で、詩を「読む」場合は詩と詩人への共感により、詩を「詠む」場合は感情の言語化、言葉による再現・表出により鬱積した感情は解放される。カタルシスの一次過程において、鬱積した感情を解放し心理的な緊張を弱めることができたとしても、その原因を除去・消失させることはできない。しかしながら、強い感情が和らげられ、心的な緊張が弱まると、狭窄していた意識は拡がりをみせ、思考も柔軟性を回復して、カタルシスの二次過程に移行するようになる。

カタルシスの二次過程においては、パールズの言う「気づき」が生じ易くなり、いままで意識されなかった事柄に「気づく」ようになる。その結果、自己と外界についての認知が変化し始める。詩を「読む」場合は詩の詩句、詩の行、連（スタンザ）が、詩を「詠む」場合には詩作の推敲過程において連想と言葉の新しい結合が、これまでとは異なる世界を開示しているのに気づかせる。この「気づき」が、自己と外界を支える新しい価値観の発見につながる。カタルシスの二次過程における新しい価値観の獲得は、これまで思考と行動の枠組みとしてきたライフ・ストーリーを未来に向けて書き換えることを意味している。

アリストテレスのカタルシスについては、これまで感情の放出・瀉出《しゃしゅつ》という心理学的・医学的な解釈と感情の浄化・純化という倫理的・道徳的な解釈がなされてきたが、ライフ・ストーリーと関連づけて検討されることはなかった。しかし、今道友信（1972）によれば、アリストテレスのカタルシスの詩学的解釈は劇中の出来事の内容のカタルシスで、苦難の浄化を意味し、苦難を生じさせている悪しきものを洗い落とすことで主人公の苦難を高尚なものへと純化することを意味している。したがって、ライフ・ストーリーの書き換えというアイデアをアリストテレスのカタルシスの詩学的解釈から導くことができる。

社会構成主義の研究者たちによるストーリー（物語）概念は、自分が生きてきた時間を的確に捉え、変化していく自分に気づかせ、出来事の推移を意識し理解することに重要な役割を果たしている。人間は誰でも、生活のいろいろな領域でいくつものライフ・ストーリーを持ち、状況の変化に応じて修正しながら生きているが、ドミナントなライフ・ストーリーも現実との間で不協和が生じ、その不協和に耐えられなくなるとき、修正・改変など書き換えが行われるようになる。書き換えられたライフ・ストーリーが妥当なものであるか否かは、他者に認められるか、そのストーリーを生きることによって確かめられる。未来は不確定であるが、ライフ・ストーリーと現実との間に耐えられないほどの不協和が生じない限り、人はそのライフ・ストーリーによって生き続ける。

ライフ・ストーリーの形成は、人生の意味と深く結びついている。人間は、生きる意味を見出せないまま生きることはできないゆえに人生の意味を追求する。アドラー（1931）の次のような指摘は、ライフ・ストーリーの書き換えにとって重要である。人生の意味の追求が、私的な（プライベイト）ものであるならば、目標への努力は個人的な優越を求めているにすぎず、それが達成されても他の人びとへの恩恵や利益にはならない。「真の」人生の意味は、他の人びとに恩恵や利益をもたらすものの中にあり、ドミナントなライフ・ストーリーが「真の」人生の意味の実現に向けられるとき、私的なものが浄化・純化される。このようなライフ・ストーリーの書き換えは、カタルシスの二次過程で得られた新しい価値観の延長線上にあり、カタルシス理論を拡張することによって説明される。

詩歌療法とは、さまざまな原因で心理的なスタック状態にある人に詩歌を詠むことを勧め、あるいは読む詩歌を処方し、鬱積した感情を解放する一次過程と、自己と外界を支える新しい価値観に気づく認知的な変容の二次過程を経て、これまでの「生き方」のライフ・ストーリーを書き換え、開かれた未来へのライフ・ストーリーを描くことができるように援助する心理療法と言うことができる。

詩歌療法には、感情の解放と認知的変容という心理治療的な効果の他に、複数の人が集まり詩句を交互に付け合う連詩・連句・冠句・継句などには、人びととの間の共感を高め、コミュニケーションを改善・促進するという効果が認められている。これらの詩歌は、詩作の過程に会話の基本的な構造を含むゆえの効果と考えられる。

補遺 「詩歌に救われなかった人びと」について

これまでの詩歌療法の研究は、詩歌を読み・詠むことで心理的な危機を脱した「詩歌に救われた人びと」について、その心理治療的な効果の機制を問題としてきたが、「詩歌に救われなかった人びと」について検討されることはなかった。

詩人の岩田宏（1966）は、詩作が必ずしも解放感を伴う行為ではなく、解き放ったものよりも心に負債として負ったものの方がはるかに多い場合があると言っている。杉田久女や金子みすゞのように、詩人のなかには詩歌を詠みながら詩歌に救われなかった人たちがいるのはなぜであろうか。

泥酔し悲惨な状態で発見され、そして亡くなったエドガー・アラン・ポー（Edgar Allan Poe）は、最後の詩「アナベル・リー」(Annabel Lee）の終わりの二行に「海のほとりの墓の中／海辺の墓地のかの人のかたわらに」(亀井俊介訳）と書き、精神病院で詩「私は生きている」('I am')を書きながら亡くなったクレア（Clare, J.）は、この詩の最初の二行に「私は生きている、だが、私のことを誰も構ってくれない／忘れてしまったのか、友達は見向きもしてくれない」と、そして最後の二行に「誰にも迷惑をかけず、誰からもかけられず、横になりたいのだ／緑の草を褥に、大空を頭上に仰いで・・・」(平井正穂訳）と書いている。このような詩を詠み・読むことにより、失意や絶望が一層強められるのは、なぜであろうか。

詩歌療法の初期の研究において、リーディ（1969）は、希望を与えず、人生が無意味だとする詩、罪悪感を増大させるような詩、見捨てられ、頼れる者が誰もいないとする詩、死を賛美するような詩、悲観的で自己破滅的な愛の詩などは処方してはならないと言っているが、その理由は説明していない。

ある人びとは、なぜ詩歌を詠み・読みながら救われなかったのか。その心理的な機制を明らかにすることは、広く適用可能な詩歌療法理論を形成するために必要である。そのためには、詩歌に救われなかった人びとの研究が必要であるが、そのような研究は詩人の病跡学的な研究を除けば、現在のところほとんど行われていない。詩歌に救われなかった人びとは、詩歌を詠み・読んでも、カタルシスの一次過程の感情の解放も二次過程の認知的な変容も得られず、開かれた未来へのライフ・ストーリーを描くことができなかった人たちではなかったろうか。

事例集――詩歌の心理治療的な効果

ここに集められた事例は、本書において詩歌療法の効果を説明するために、拙著『詩歌に救われた人びと』(2015) で詳細に分析した事例を再検討し要約したものである。

1 ジョン・スチュアート・ミルの事例

イギリスの経済学者・哲学者・評論家で社会改革の推進者でもあったジョン・スチュアート・ミル (John Stuart Mill, 1806-1873) は、『自伝』(*Autobiography*, 初版 1873, 引用 2004) の中でワーズワスの詩に出会い、その詩を読むことで抑うつ状態から脱した過程を詳しく書いている。

ミルは、二十歳の秋に神経の疲弊した状態になり、以前なら楽しく感じられたものがつまらなく興味もなくなった。十五歳の冬にベンサム (Bentham, J.) の著書を読み、社会の改革者になるという人生の目的を得た。この目的を追求することが幸福であったはずであるが、「人生のすべての目的が実現したとしたら、望んでいた制度の変革や持論がすべてこの瞬間に成し遂げられたとしたら、大きな歓びであり幸福であろうか」と、自分自身に問いかけたとき、何の迷いもなく「ノー」と答えていた。このとき、これまで人生を支えていたすべてが、崩れ去ってしまったように感じ、生きるために残されたものは何もないように思えたと書いている。

そのときの心の状態は、後年コールリッジの詩「失意のオード」に的確に表現されていたことを知ったと引用している。

痛みなき、むなしく、暗く、もの寂しい悲しみ
息苦しく、ぼんやりし、冷やかな悲しみ
言葉にし、溜息をつき、涙しても
悲しみのはけ口もなく、救いもない

このような状態にあっても、普段の仕事は習慣で機械的に続けていた。しかし、次のような詩の二行がときどき頭に浮かんできたと言う。その詩の名は書かれていないが、コールリッジのソネット「望みなき仕事」の最後の二行である。

望みなき仕事は神々の酒（ネクター）を笊に汲むごとく
そして　目的なき希望は生き続けること能《あた》わず

ミルの抑うつ状態はほぼ二年近く続いた。この間に、バイロン（Byron, G. G.）の詩を全部読み通したが得るものがなかったと言う。しかし、その後、ワーズワスの詩「オード・幼少時の回想から受ける霊魂不滅の啓示」を読み、詩の中に自分と同じような失意の体験が語られ、そして失意からいかにして回復したか書かれていることを知り、抑うつ状態から脱したと言っている。その詩は、十一連から成り、三つの部分から構成されている。

最初の四連（一－四）には「喪失と失意」の状態が書かれ、それがどんな状態であったか、次のように詠われている。

どちらを向いても
　夜であれ昼であれ
もはや今、かつて見えたものを見ることができない
（山内久明訳）

次の四連（五－八）は、「失われたもの」が詩作の源泉であり、幻想的で創造的、特異な詩的感情体験で「輝かしい幻影」と比喩で表現されている。

最後の三連（九－十一）では、何を求め、何を得たか、そして新たな「再生」の歓びを詠っている。求めていたものは、「この世の光の源泉となる光／この世の目に見えるものすべてを統《す》べる光」と隠喩（メタファー）で表現されている。この詩は、詩人にとって大切な創造的想像力を失ったが、それ

に代わって自然と親密に感情を通わせ、共感を得ることのできる能力を得た歓びと再生を詠って終わっている。

私は心の奥深く自然の力を感じる
私はひとつの歓びを失ったが
より一層不断の自然の支配を受けて生きる
・・・・・・・・
生きる支えとなる人の心のおかげにより
人の心の優しさ、歓び、そして気遣いにより
私には花をつけた名もなき草木さえ
しばしば涙あふれるほどの深い感動をもたらす

ミルを抑うつ状態から回復させたのは、詩のはじめにミルと同じような「喪失と失意」の状態が書かれ、次に失ったものと求めていたものが次第に明らかになり、最後の連（スタンザ）で生きる望みを見出し、「再生」の歓びを詠うという詩の構成と内容にあった。ミルは、この詩を読むことにより、抑うつ状態にあるのは自分一人ではないことを知り、またそのような状態にあった人が回復したことを知ることで、この詩に深く共感し鬱積した感情から解放された。そして第十一連の最後の四行の詩により、これからの人生を生きる望みを得た。

ミルの事例は、詩の心理治療的な効果が詩の構成と内容と共に、詩を読む者に詩人と類似の体験があり、共感を生じさせ、詩人により開示された世界が、ベンサム流の社会改革者になるというそれまでの自分と世界についての認知を改変させたことを示している。

2　カール・アップチャーチの事例

アフリカ系アメリカ人のギャング、受刑者、平和活動家であったカール・アップチャーチ（Carl Upchurch, 1950-2003）は、自伝『生まれる前から決まっていた――囚人から平和活動家への旅路』（*Convicted in the Womb: One man's journey from prisoner to peacemaker.* 1997）の中で、シェイクスピア（Shakespear, W.）の詩が「ニガーである」[注1]ことの怒りや絶望、鬱積した感情を解き放し、自分への認知を変えさせたと書いている。

アップチャーチは、アフリカ系アメリカ人の貧しい家庭に生まれ、麻薬中毒、売春婦、ポン引き、麻薬の売人、性的変質者、ギャングを何とも思わない母親により希望のないニガーに育てられた。父親は、酒場と喧嘩で人生を送る無責任な父であった。彼を事実上育ててくれた祖母は娼婦であった。

彼が育った当時のペンシルバニア州サウス・フィラデルフィアでは、暴力沙汰は日常茶飯事で、母親の罵声、食事のない日、汚れた服で学校に行かねばならなかったとき、希望のない自分への怒りに震えていた。彼は、非行少年になり、ギャング、詐欺師となって、いかがわしい手段で金儲けをするようになった。「ニガーである」ということが、彼のすべての前提であった。ニガーである限り、何の希望も持てなかった。

銀行強盗でレヴィスバーク刑務所に服役中、他の受刑者とトラブルを起こし独房に入れられたが、罪の意識はまったくなかった。ただ怒りにまみれながら日々を送っていた。怒りの感情が彼のすべてであった。独房は、手洗いとトイレが白く、それ以外はすべて灰色であった。まったくの偶然から、灰色のテーブルの脚の一本の下に薄い本が差し込まれているのに気づいた。引っ張り出し、退屈しのぎになると興奮したが、それはシェイクスピアの『ソネット集』であった。むかつきながら表紙を見つめた。それでも、何もないよりはましと読み始めたのは、変化の乏しい独房で刺激飢餓の状態にあったためと考えられる。

小学校を四年生でドロップ・アウトした彼は、この『ソネット集』を辞書を引きながら、最初は言葉の、次に詩句の、最後に詩全体の意味が分かるまで二〇回も読んだと書いている。『ソネット集』の二九と一二七のソネット（十四行詩）は、独房で希望もなく怒りの感情を抱き続けていたアップチャーチにとって衝撃的であった。

ソネット二九の最初の四行に、自分の怒りの感情が的確に表現されているのを知った。そして怒りの感情が何であったか気づいたと言う。

　運命の女神にも人々の目にも冷たくそむかれ、
私はひとり見すてられたわが身を嘆き、

むなしい泣き声で聞く耳もたぬ天を悩まし、
わが身を眺めてはこのような身の上を呪う。

次の二行は、独房にいる彼のお気に入りの詩の行であった。ヒバリは「希望」の象徴（シンボル）と考えられる。

夜明けとともに暗く沈んだ大地から舞い上がる
ヒバリのように
（小田島雄志訳）

彼の心に大きな変化を生じさせたのはソネット一二七であった。そこには「浅黒い（swarthy）」肌の女についての詩があった。「浅黒い」という言葉は、すぐに辞書を引くように彼をせき立てたと言う。そして、浅黒い肌の女は、黒人の女でないにしても、少なくとも黒ずんだ肌の女である。ソネット一二七は、次のような詩である。

昔の人は黒を美しいとは思わなかった、
思ったとしても美の名で呼ばなかった、
だがいまは黒が美の正当な相続人であり、
従来の美は私生児の汚名を着せられている。

そうなったのは、人々が自然の力に手を加え
人工の仮面で醜を美に変えたからである、
その白妙《しろたえ》の美は名声を失い、聖域を追われ、
汚辱まみれではなくても低俗に堕している。
したがってわが恋人の目は烏《からす》のように黒い、
その黒い瞳は、美しく生まれつかないのに
人工の美で飾り立て、自然の美の創造を
おとしめるものを、嘆くかのようである。
　だがその目があまりにも美しく嘆くので
　人はみな口々に言う、美とはこの色と。

（小田島雄志訳）

このソネットの「黒」が美しく、美の正当な相続人（beauty's successive heir）であり、「白」は汚辱にまみれ、低俗に堕しているという想像もしなかった詩句は、彼を「黒」の呪縛から解き放し、「黒人でもない、男でもない、ニガーである」という自分についての認知を改変させた。しかし、ソネット一二七に続いて詠われているダーク・レディは、欲望に身を委ね、その振る舞いは「レディ」にふさわしいものではなかった。そのためか、彼は無条件に黒を肯定し、過激な黒人になることはなかった。

シェイクスピアの戯曲のほとんどすべてを読み、登場人物の会話に自分も加わったと言っているが、

その影響については何も書かれていない。その後、マーク・トウェイン（Mark Twain）の小説、人種差別の撤廃と黒人の地位向上を求めるアフリカ系アメリカ人の著者たちの本を読み、アップチャーチの関心は次第にニガーを生み出す社会に向けられるようになった。アフリカ系アメリカ人をニガーから救おうとする社会的活動への意欲は、マヤ・アンジェロウ（Maya Angelou）の詩「それでも私は立ち上がる」（Still I Rise）により一層強められた。その後の彼の行動は、二〇〇三年三月十三日、フィラデルフィアの新聞『The Inquirer』の死亡記事に詳しい。[注2]

3　鶴見和子の事例

一九九五年十二月二四日、鶴見和子（1918-2006）は脳溢血を発病した。その日から翌年の三月十九日まで、そのとき感じ、思い、心に浮かんだことを一四五首の短歌に詠んでいる。短歌は、病床でなぐり書きしたものを他の人に清書してもらい、あるいは口述筆記され、鶴見の言うリアルタイムで記録したものである。これらの短歌は、後から一切手を加えず作歌の順もそのままに歌集『回生』（独歩書林 1996, 引用は藤原書店 2001）として自費出版された。

本事例は、救急病院で詠んだ短歌三八首について、発病から病状の一応の安定をみるまで四つの相に分け、短歌を「詠む」ことの心理治療的な効果を検討した。短歌に日付が記されているものは一首しかないが、題詞の除夜、新年などの言葉から、それぞれの短歌が詠まれた日を推定することができた。

① 意識の混濁・混乱

発病直後の十二月二四・二五日の短歌には、かつて歌集を出版したほどの作歌経験があるにもかかわらず（『虹』という歌集がある）、最初の二首のように字足らず、字余りがみられ、意識は混濁し、第三首には意識の混乱がみられる。このような病状にあって、第四首は生命への執着、生きようとする強い意欲を示している。

眠れども眠れどもなお眠き我の意識はいずこへゆくや
霞一重へだて見る世は掴めども掴めどもそこに物なし
深山幽谷にデパートの天井に足萎えの我を連れてゆきて　怪夢は我を錯乱す錯乱す
これよりは身障者として生きなむとひたすら想う　怪夢より覚めし深夜のベットに

② 鬱積した感情の解放

十二月二六日から数日間の短歌には、激しい感情の表出・解放がみられ、第三首では入院患者の誰もが体験する鬱積した感情が認められる。

さまざまな唸りを上げて病院は動物園のごとし夜の賑やかさ

我もまた動物となりてたからかに唸りを発す　これのみが自由
病院の時間は長し「やっと朝」といえば看護婦は看守「まだ真夜中」と応う

③身体的苦痛から精神の渇きへ

十二月三〇日に近づくにしたがって、病床にあって水を飲むことのできない苦痛がコールリッジの詩の「老漁（水）夫」の悲痛な叫びとなり、この悲痛な叫びは「ルルドの水」の短歌を詠むことで次第に「魂（精神）の渇き」へと変化している。[注3]

「水　水」大海の只中にして飲む水の一滴だになし
　老漁夫のいまわの叫び我に迫り来
身の渇き　癒すすべあれ魂の渇きしずむるすべいまださとらず
魂の渇きしずむるルルドの水マリアの祈りもてそそぎ給えり

④生き方の模索

かつて水俣病を調査したときの病苦に生きた人たちや、十六歳のとき長崎で被爆し、脊髄骨折のため下半身不随となり、車椅子で被爆者の実態と核兵器の廃絶を訴え続けた渡辺千恵子（1928-1993）を思い浮かべ、身障者としてどう生きたらよいか模索しはじめる。その様子が次の三首にみられる。

心身の苦痛をこえて魂深き水俣人に我も学ばん
片身麻痺の我とはなりて水俣の苦痛をわずかに身に引き受くる
原爆に下半身なえ寝ねるしまま渡辺千恵子は人魚のごとく

一月一日より四日までの短歌は、新たな人生（回生）へ歩む決意を詠っている。鶴見は、回生とは以前の回復ではなく、持って生まれた可能性を生命のあるかぎり発掘しつづけ、それに新しい象《かたち》を与えてゆくことだと言う。次の短歌は、回生のために自分を「鍛え」ようとする意志を表したものである。一月五日、リハビリテーションのため聖母病院に転院する。

片手もてすべてのことをなす技を鍛えんと決す　新しき年に
双手失い口に筆ふくみつつ絵描きし人の業をこそ思え[注4]

脳溢血の発病直後の鶴見は、意識は混濁・混乱し、短歌は形式が整わず内容も了解不能なものが多かった。しかし、病状が急性期を過ぎる頃から短歌も了解可能なものとなり、身体的な苦痛と激しい感情が短歌に表出されるようになった。感情を言葉に表現することによって、鬱積した感情を解放し、心理的な緊張を低下させている。そして作歌（詩作）を繰り返すことで自分についての認知を変容させ、身障者として生きるというこれまでとは異なる新たな人生の目的を見出し、心理的な安定が得られた。鶴見は、私家版『回生』の「あとがき」で「短歌のおかげで気をたしかに持ち、高揚した心で生死のさかいをのりこえることができた」と書いている。

4　ベンの事例

詩人のカレン・チェイス（Karen Chase）は、六年間誰とも口を利かず、ときどき家族に暴力を振るうという理由で精神病院に入院していたひとりの若者ベンに出会った。病院では、医師や看護師のどんな問いかけにも「イエス」(Yes)「ノー」(No)「問題ない」(Every thing is fine) としか言わなかった。チェイスは、この若者と連詩（コラボレイティブ・ポエム）[注5]を書き、二年後にベンは会話を取り戻した。その記録を『石の大地』(*Land of Stone*, 2007) という本にしている。チェイスの目的は、会話の回復であり、沈黙の原因を明らかにすることではなかった。

チェイスは、ここでみんなと詩を書いているが、あなたも書いてみないかとベンを誘った。ベンが「イエス」と言ったので、毎週一回黙って互いに連詩の一行を、多くても三行の詩の「付け合い」を繰り返した。チェイスは詩の一行を書く度に声に出して読んだが、ベンには強いなかった。「付け合い」は、連詩の基本であるが、チェイスの記録には「付け合い」を意味する用語はみられない。またこの記録には、医学的処置に関する記述はなく、詩や心理療法に関係する文献の引用もない。チェイスの記録から、会話が回復するまでの過程は、次の五つに分けることができた。

①「付け合い」のない詩を書く

第一回目の連詩（コラボレイティブ・ポエム）は、次のように行われた。チェイスは、ベンと向かい合って座ったテーブルの上に石をひとつ置いた。ベンに初めて会ったとき、物言わぬ石のように感じられたからである。チェイスは、クリップ・ボードに挟んだ紙に「わたしは石」と書き、ベンに渡した。互いにひと言も言葉を交わすことなく、詩の一行を書いては、その紙をやり取りした。チェイスは、ベンに心の世界ではなく外の世界を詩に書こうと言い、個人的な事柄に触れることを避けた。しかし、ベンは自分を石に投影し、自分と沈黙の隠喩（メタファー）として石を見ていたと思った。最初の詩は、次のようであった（Kはチェイス、Bはベン）。

わたしは石（K）
石はよい（B）
それは野原にある（K）
石は決して悩まない（B）
決して夢をみない（K）
石はいつもやって来る（B）
どんな天気のときも（K）
あらゆるものは石と一緒ならいつも幸せ（B）
ブリザード（吹雪）のときも（K）

あらゆるものは石と一緒ならいつもオーケー（B）

「付け合い」の意識はチェイスの詩の行にみられるが、ベンの詩には少しの「付け合い」も認められなかった。チェイスは、毎週詩の最初の一行を変えることでベンの関心を外の世界に向けようとした。

②「付け合い」のある詩を書く

ベンは、相変わらずひと言も話すことなく詩の行を書いていたが、ある日、書く前に詩を最初の行から読んでいることに、チェイスは気づいた。四ヶ月が過ぎた頃、チェイスは、割れた陶器の破片をベンに見せ、庭の土の中から見つけたと話し、連詩の題材とした。そのときのベンの詩の行はチェイスの詩の行のイメージとつながり、「付け合い」が感じられた。

破片はとても古いように見える（B）
誰かのキッチンの器の（K）
それはとても滑らかな肌ざわり（B）
滑らかに磨かれ、どこにも凹凸がない
遠くから（K）
それはデリケートに見える（B）

あるとき、ベンは、詩の最後の行を書きたいという合図をした。それで、「付け合い」を意識して詩の行を書いていることが分かった。チェイスは、書き終えた詩をゆっくりと声に出して読んだ。それを聴いて、ベンの緊張は弛み、眼は生気を取り戻したように感じられたと書いている。それから数ヶ月後、誰が最初の一行を書くかこだわらなくなった。

③ 詩の言葉が豊かになる

チェイスは、連詩の題材に石、木の葉、陶器のかけらなどを用いた後、色（カラー）を詩の題材にしている。詩の最初の一行に色を用いることによって、外の世界へ注意を向けさせ、詩の言葉をますます豊かにしようと考えた。しかし、言葉は豊かになったが、アカのような色は激しい情動反応を生じさせた。この事実は、詩の題材の選び方によっては状態を悪化させることを示唆した。

④ 詩に物語が生じる

ベンの詩の言葉（語彙）は、ますます多くなり、表現は一層豊かになった。ベンは、太陽とブリザード（雪あらし）についての物語を始めた。「太陽は姿を消す／寒く、暗い雪模様になる／太陽が再び現れる／しかし寒いままである」と、物語（ストーリー）はシンプルであった。現在形でのみ書かれていたベンの詩に過去形が、そして未来形の表現がみられるようになり、詩はより一層物語らしくなった。

ブリザードの詩は、ベンの心の世界を表したものと考えられ、この詩を繰り返し書くことで、閉ざされていた心が少しずつ開かれ、鬱積した感情も徐々に解放されて行ったと考えられる。しかし、この詩から、何が沈黙の原因であったのか読み取ることはできなかった。

⑤ 会話を回復する

一年が過ぎたある日、チェイスが詩の一行に「季節外れに暖かい」と書き、声に出して読んだとき、ベンが「暖かいと言ったのには何か理由があるの？」と言ったのには驚いた。「イエス」「ノー」「問題ない」としか言わなかったベンが、紙に書かれた詩の最初の行を見て声を発し、言葉を声にした。それから後、ベンは徐々に自分の言葉を発するようになった。書き終えたばかりの詩を、チェイスが声に出して読むのを聴いていたベンは、「その詩が好きだ」と言い、そして長いこと無言であったが、「詩は互いに連なるように進んでいる」と言った。ベンは同じ病棟の患者と少しずつ会話を交わすようになり、書字会話（ライティング・コミュニケーション）の長い時間の後に、遂に言葉を声に出す音声会話（スピーチ・コミュニケーション）の世界に戻ってきた。

どんな問いかけにも「イエス」「ノー」「問題ない」としか答えなかったのは、自閉症スペクトラム障害（自閉症）や選択性（場面）緘黙（DSM-5）によるものではなく（そうした診断を下されたときもあった）、言葉を捨てることで現実を捨てることであったと考えられた。それゆえ、会話の回復は、現実の世界との関わりを取り戻しつつあることを意味した。しかし、現実の世界を受け容れたわけではなかった。「ブリザードの詩」でも、最後の一行で「しかし困ったことは何も起こらなかった」と、出来事（現実）を否定しているからである。連詩を始めて二年の後、ベンは退院した。

連詩を書くことの影響は、チェイス自身にも認められた。ベンの「閉ざされた自分」と似たような体験が、チェイスが母親を亡くしたとき自分にもあったことに気づいたと言う。大岡信（1991）によれば、連詩の詩作者たちは詩の行を互いに「付け合う」ことにより、他の人を知ると同時に自分自身に気づくようになると言い、これは連詩に特徴的な効果であると言っている。

注

第1章　古い文献にみる詩歌の心理的効果

［1］プラトン（藤沢令夫訳）『パイドロス』245a 田中美知太郎・藤沢令夫編『プラトン全集』第五巻、岩波書店 1980.

［2］カタルシスという用語は、『詩学』では「あわれみとおそれを通じて、そのような感情の浄化（カタルシス）を達成するものである」（1449b）（松本・岡訳）という記述以外にはみられない。『政治学』では、この言葉の意味について『詩学』で詳しく述べると言っているので、『詩学』の失われた部分にあったのかもしれない。

カタルシスには、心理学的解釈の他に演劇学的解釈と詩学的解釈の二つの解釈がある。今道の『詩学』の訳注によれば、演劇学的解釈は、劇中の出来事のカタルシスで、これには事件のカタルシス、行為のカタルシス、事件の解明の三つがある。事件のカタルシスは、凶悪な事件が詩人により純化され悲劇固有の快を成立させる。行為のカタルシスは、苦難の行為は悲劇の構成にとり必要な部分を意味し、カタルシスによって消失せず、苦難の行為が続くことを意味している。事件の解明は出来事の意味の解明である。詩学的解釈は、劇中の出来事の内容のカタルシスで、苦難の浄化を意味し、苦難を生じさせている悪しきものを洗い落とし、主人公の苦難を高尚なものへと純化することを意味している。詩学的解釈については、本書第6章3の「(3) カタルシス理論の拡張」において取り上げている。

［3］アリストテレス（山本光雄訳）『政治学』第八巻第七章 1341b, 1342a, 出隆監修・山本光雄編『アリストテレス全集』第十五巻、岩波書店 1969.

［4］類似療法は、古代ギリシャ以来の伝統的療法の考えで、「類は類を治療する・症状を起こすものは症状を取り去る」というホメオパシー（homeopathy）の原理に基づく療法を言う。

［5］岡道男は、ホラーティウス『詩論』解説で、アリストテレスとホラティウスの所説の違いについて、かなり詳しく考察している。『アリストテレース詩学・ホラーティウス詩論』（松本仁助・岡道男訳）岩波書店 2012.

［6］デモクリトスはギリシャの哲学者であるが、岡によれば、『詩作について』と題する著作があったとされ、その断片の中にこの言葉があると伝えられている。

［7］呉茂一『ギリシャ神話』第九節「五　芸神ムーサイについて」新潮社 1969.

［8］岡の訳注によれば、人間同士が殺し合ってその肉を食べることを意味している。

［9］この詩句は「詩は言葉による絵」として広く知られている。

［10］岡によれば、ギリシャでは、古くから詩人は倫理的・道徳的問題についてのみならず、政治、社会、軍事、宗教などの領域においても教師として敬われていた。

［11］本章の3を参照。

［12］『三冊子』は、芭蕉に親炙《しんしゃ》した（親しく接して、その感化を受けた）土芳の随聞記と伝えられている書で、「白さうし」「赤さうし」「黒さうし」の三部からなっている。潁原退蔵（1939）によれば、この書が世に知られるようになったのは芭蕉の没後八十二年、土芳の没後四十二年であった。この書の伝来については、潁原退蔵校訂『去来抄・三冊子・旅寝論』（1939）の解説に詳しい。

［13］中村俊定校注『芭蕉俳句集』（1970）には、追悼句・追善句とはっきり認められる俳句が二十三句ある（この他にあるかもしれない）。死を悼んだ対象と句数は、門人の四句、母と寿貞の二句、知り合いの和尚の五句、家族を亡くした門人の十句（母二句、父三句、妻一句、妹一句、子ども四句）、その他一句（吉岡求馬の追善句）である。

［14］『荘子』（雑篇）の「飲酒以楽為主（飲酒ハ楽《ラク》ヲ以テ主ト為シ）、処喪以哀為主（処喪《ショサウ》ハ哀《アイ》ヲ以テ主ト為シ）・・・」に拠る（中村俊定校注『芭蕉紀行文集　付嵯峨日記』1971）。心情の純粋さを重んじ形式を排除するという意味に解釈されている。

［15］引用の「山里にこは又誰をよぶこ鳥・・・」は、『山家集』には「山里にたれをまたこはよぶこ鳥ひとりのみこ

そ住まむと思ふに」とあり、芭蕉の覚え違いとされている（山下一海『芭蕉百名言』2010）。

呼子鳥《よぶこどり》も閑古鳥《かんこどり》も郭公（カッコウ）のこと。

[16] 中村俊定校注『芭蕉俳句集』（1970）から、芭蕉がネガティブな感情体験を詠んだ俳句は、孤独（七句）、老い（四句）、病（二句）、死（三句）など十六句ある（まだあるかもしれない）。そのうち、『嵯峨日記』の元禄四年四月二十二日「うき我をさびしがらせよかんこ鳥」以後に詠んだ俳句は、次の七句である。元禄六年の「蕣《あさがお》や是《これ》も又我が友ならず」と「老《おい》の名も有《あり》ともしらで四十雀《しじゅうから》」、元禄七年の「此道《このみち》や行人《ゆくひと》なしに秋の暮」「秋深き隣は何をする人ぞ」「うぐひすや竹の子藪に老《おい》を鳴《なく》」「此《この》秋は何で年よる雲に鳥」「旅に病《やん》で夢は枯野《かれの》をかけ廻《めぐ》る」である。
「蕣《あさがお》や是《これ》も又」の句には、深川閉関の比《ころ》という前書きがあり、閉関は門を閉じて来客を絶つことで、その閉じた門の垣に咲く朝顔も、私の友になりえないと詠んでいる。孤独に向き合う意志がみられるが、句作の直接の動機づけは、次のように考えられている。この句の前に、「蕣《あさがお》や昼は錠《ぢやう》おろす門《もん》の垣」がある。雲英末雄・佐藤勝明訳注『芭蕉全句集』（2010）によれば、芭蕉は七月半ばから約一ヶ月の閉関を行い、俳文「閉関之説」に「人来たれば無用の弁有。出ては他の家業をさまたぐるもうし。・・・」として、この句をあげたとしている。酷暑に体調を崩した上、さまざまな人間関係に疲弊していたらしいが、それでも人が恋しいことを逆説的に表現している。

「老《おい》の名も」（元禄六年）と「此道《このみち》や」（元禄七年）の句は、連句の発句（立句）であり、「秋深き」の句は『笈日記』によれば芝柏《しはく》方での句会に出席が難しいと考え、この発句を届けている。それゆえ、これらの句は、連句の発句（立句）であり挨拶句として詠まれた句で、他者を意識して深刻なネガティブな感情体験の表出を避けていると理解しなければならない。「うぐひすや」（元禄七年）の句は、若い生命と老いを対比的に詠んだ句であるが、雲英・佐藤によれば各務支考の『十論為弁抄』に「白氏文集を見て、老鶯といひ病蚕といへる詞おもしろければ、・・・老若の余情もいみじく籠《こも》り侍らん」との芭蕉の言葉が記されており、老いを痛切に感じて詠んだ句とするには疑問がある。それに対して、元禄七年の旅懐「此《この》秋は何で年よる雲に鳥」と病中吟「旅に病《やん》で夢は枯野《かれの》をかけ廻《めぐ》る」の二句は、他者を意識することなく老いと病に正面から向き合い詠んだ句とみることができる。

［17］「鳥雲に入る」「鳥雲に」は春の季語であるが、「雲に鳥」を季語とする用法は不明。

［18］俳諧堂編『芭蕉書簡集』(1916) には、遺書は兄松尾半左衛門宛一通と支考に口述筆記させた門人宛三通である。門人宛の遺書は、遺品の所在、深川芭蕉庵に残る人々、杉風や濁子など江戸の門人たちに宛てたものである。兄宛て書簡には、「私が先に死ぬことを残念に思われることでしょう。・・・(兄上には) 歳をとられて後は (長生きされて)、心静かに死に臨んでいただきたい」と書かれている。芭蕉は、心静かでなかった、思いをたくさん抱えていたように解釈される。

［19］当時の男の平均寿命は五十歳と考えられていた。

［20］雲英末雄・佐藤勝明訳注『芭蕉全句集』(2010) によれば、「清瀧や波にちり込む青松葉」の初案は、門人の杉風宛元禄七年六月二十四日付書簡の「大井川波に塵なき夏の月」である。園女は伊勢山田の女流の蕉門俳人。

［21］中村俊定校注『芭蕉俳句集』(1970) による。詠んだ日が不明な句は、元禄年間二十五句、貞享・元禄年間三句、年次不詳二十七句あるとされている。詠んだ俳句の数からも、芭蕉は、死の直前まで句作に強い意欲を持ち続けていたことがわかる。

［22］中村俊定校注『芭蕉俳句集』(1970) では九八二句、雲英末雄・佐藤勝明訳注『芭蕉全句集』(2010) では九八三句である。

第2章　大伴家持の依興歌

［1］その反歌は、次のようである。万葉集の訓み下し文、注釈、口語訳は、佐竹昭広他校注『万葉集』(一)(岩波書店 2013) から引用した。

たまきはる宇智《うち》の大野《おほの》に馬並《うまな》めて朝踏《あさふ》ますらむその草深野《くさぶかの》 (巻一・四)

(「たまきはる」宇智の大野に馬を並べて、朝の野をお踏みなっているであろう)

「たまきはる」は「うち」や「命」の枕詞。

［2］野中川原史満については、日本書紀巻第二十五（孝徳紀・大化五年 649）に、皇太子（中大兄）が造媛《みやつこひめ》（妃）が亡くなったと聞き、傷み悲しんでいるとき、「是《ここ》に、野中川原史満《のなかのかはらのふびとみつ》、進《すす》みて歌《うた》を奉《たてまつ》る」とある（坂本太郎他校注『日本書紀』（四）306. 岩波書店 1995）。折口は、この歌は野中川原史満の代作歌であると言う。

　山川《やまがは》に鴛鴦《をし》二《ふた》つ居て偶《たぐひ》よく偶《たぐ》へる妹《いも》を　誰《たれ》か率《ゐ》にけむ　その一

（山川に鴛鴦が二つならんでいるように、仲よく並んでいる媛を誰がつれ去ったのでしょうか）

　本毎《もとごと》に花《はな》は咲《さ》けども　何《なに》とかも愛《うつく》し妹《いも》が　また咲《さ》き出来《でこ》ぬ　その二

（もとごとに花は咲いているのに、どうして、いとしい妹が再び咲いて来ないのでしょう）

中大兄は、この歌を「善きかも、悲しきかも」と言い、琴を授けて唱わせたとある。

［3］秦大蔵造万里については、日本書紀巻第二十六（斉明紀・斉明四年 658）に、斉明天皇が皇孫建王《みまごたけるのみこ》を亡くした悲しみを詠った歌三首を、秦大蔵造万里《はだのおほくらのみやつこまろ》に「斯《こ》の歌を伝へて、世に忘らしむること勿《なか》れ」と言ったと記されている。（坂本太郎他校注『日本書紀』（四）342. 岩波書店 1995）

　山越《やまこ》えて　海渡《うみわた》るとも　おもしろき　今城《いまき》の中《うち》は　忘《わす》らゆまじし

（このように山を越え海を渡り面白い旅をしても建王のいた今城の中のことは忘れられないだろう）

　水門《みなと》の　潮《うしほ》のくだり　海《うな》くだり　後《うしろ》も暗《くれ》に　置《お》きてか行《ゆ》かむ

（水門の潮の激流の中を、舟で紀州へくだって行くが、建王のことを暗い気持で後に残して行くことであろうか）

　愛《うつく》しき　吾《あ》が若《わか》き子《こ》を　置《お》きてか行《ゆ》かむ

（かわいい私の幼い子を後に残して行くことであろうか）

折口は、この歌は万里の代作歌であるとしている。居駒永幸（2007）の言うように、斉明天皇の実作か否かは史実として確かめようもないが、折口説に基づく山本の指摘は、代作歌と推論する根拠になる。この歌は、建王の死を嘆き悲しむ斉明天皇の心のうちを表現した歌であり、このような歌を詠む代作者の出現は、抒情詩人を誕生させる要因のひとつになったと考えられる。

［4］間人連老《はしひとのむらじおゆ》は遣唐留学生、野中川原史満《のなかのかはらのふびとみつ》は帰化人、秦大蔵造万里《はだのおほくらのみやつこまろ》は帰化人の子孫と言われている。

［5］次の二首は、その例である。

験《しるし》なきものを思《おも》はずは一坏《ひとつき》の濁《にご》れる酒を飲むべくあるらし（巻三・三三八）

（何のかいもない物思いをするくらいなら、一杯の濁り酒を飲むべきであるらしい）

この世にし楽しくあらば来《こ》む世には虫《むし》に鳥《とり》にも我《われ》はなりなむ（巻三・三四八）

（この現世に、楽しくしていられたら、来世には虫にも鳥にも私はなってしまおう）

最初の歌は、十三首全体の内容を示したものとされ、「濁《にご》れる酒」は漢詩に詠われる隠者の飲む酒であり、次の歌の「この世」「来む世」は仏教経典の言葉で、「虫《むし》に（も）鳥《とり》にも」は仏典からの引用である。

［6］「或《まど》へる情《こころ》を反《かへ》さしめし歌一首と序」（万葉集巻五・八〇〇）では、儒教の言う三綱・五教の教えに従って生きなさいと言い、反歌（短歌）はその内容を簡潔に表現したものである。

ひさかたの天路《あまぢ》は遠しなほなほに家に帰りて業《なり》をしまさに（巻五・八〇一）

（「ひさかたの」天に到る道は遠い。素直に家に帰って仕事をしなさい）

「子等《こら》を思ひし歌一首と序」（万葉集巻五・八〇二）は、序では釈迦如来の言葉を引きながら我が子への愛にまさるものはなく、瓜を食べ、栗を食べる子どものころが偲ばれると言い、その反歌（短歌）でも同じことを歌にしている。

銀《しろかね》も金《くがね》も玉も何せむに優《まさ》れる宝《たから》子にしかめやも（巻五・八〇三）

（銀も、金も、珠玉も、どうしてすばらしい宝である子どもに及ぶだろうか）

「この世の移ろいやすきことを悲しんだ歌一首と序」（万葉集巻五・八〇四）は、序も長歌も世の無常を悲しみ、仏教で言う八大の辛苦の老苦が詠われている。その反歌（短歌）も同じことを詠っている。

常磐《ときは》なすかくしもがもと思へども世の事《こと》なれば留《とど》みかねつも（巻五・八〇五）

(常磐のようにこのまま変わらず「常住」でいたいと思うけれども、「無常」の世のことゆえにとどめることができない)

[7] 三綱・五教とは、三綱は儒教で君臣・父子・夫婦の踏み行うべき道。五教は、儒教で言う五つの教えで、君臣の義、父子の親、夫婦の別、長幼の序、朋友の信の説(孟子)と、父は義、母は慈、兄は友、弟は恭(順)、子は孝とする説(春秋左氏伝)とがある(広辞苑第六版)。

[8] 八大の辛苦とは、涅槃経十二にある生苦、老苦、病苦、死苦、愛別離苦、怨憎会苦、求不得苦、五盛陰苦を言う。

(佐竹昭広他校注『万葉集』(一) 55-57. 岩波書店 2013)

[9] 独り身の貧人は、「風交《かぜま》じり雨《あめ》降る夜《よ》の　雨交《あまま》じり　雪《ゆき》降る夜《よ》は　術もなく寒くしあれば　堅塩《かたしほ》を取りつづしろひ　糟湯酒　うちすすひて　しはぶかひ・・・」

父母妻子ある貧人は、「・・・曲廬《まげいほ》の内《うち》に　直土《ひたつち》に　藁解《わらと》き敷きて　父母は　枕の方《かた》に　妻子どもは　足《あと》の方に　囲《かく》み居《ゐ》て　憂《うれ》い吟《さまよ》ひ　かまどには　火気《ほけ》吹き立てず　甑《こしき》には　蜘蛛《くも》の巣《す》かきて飯炊《いひかし》くことも忘れて、・・・短き物を　端《はし》切ると　言へるがごとく　しもと取る　里長《さとおさ》が声《こゑ》は寝屋処《ねやど》まで　来立《きた》ち呼《よ》ばひぬ　かくばかり　すべなきものか　世の中の道」(巻五・八九二)。

[10] 延言は、江戸時代の国学者の用語で、元来一音のものを二音以上に延べ言うと説いたもの。「呼ぶ」が「呼ばふ」など(広辞苑第六版)。ここでは、「つづしろひ」「すすろひ」「しはぶかひ」「誇ろへど」などは、音脚を整え、字数を合わせるためにしていることが明らかである。延言は作用が長時間継続していることを現したもので、もとの言葉の意味そのままではない(山本健吉『詩の自覚の歴史』第十一章「山上憶良の『貧窮問答』」)。

[11] 楽浪《ささなみ》の志賀《しが》の大わだ淀むとも昔の人にまたも逢はめやも(巻一・三一)

(楽浪の志賀の入り江は、今このように淀んでいても、昔の人にまた逢えるだろうか)

[12] 古《いにしへ》の人に我《われ》あれや楽浪《ささなみ》の古き京《みやこ》を見れば悲しき(巻一・三二)

(私は古《いにしえ》の人なのだろうか、楽浪の古き都の跡を見ると悲しい)

[13]「山柿」は、柿本人麻呂と山部赤人とする説の他に、柿本人麻呂と山上憶良とする説がある。柿本人麻呂一人とする説もある。

[14] その例として、家持が十九か二十歳のときに詠んだ「秋の歌四首」(巻八・一五六六－六九)をあげることができる。その中の第三、四首には、「いぶせし」(鬱悒)の感情が詠われており、後年の「絶唱三首」に通ずるものがあることを、橋本達雄(1984)はかなり詳しく考察している。

ひさかたの雨間《あまま》も置かず雲隠《くもがく》り鳴きそ行《ゆ》くなる早稲田雁《わせだかり》がね(巻八・一五六六)

雲隠《くもがく》り鳴くなる雁の行きて居《ゐ》む秋田の穂立繁《ほたちしげ》くし思ほゆ(巻八・一五六七)

雨隠《あまごも》り心いぶせみ出《い》で見れば春日《かすが》の山は色《いろ》づきにけり(巻八・一五六八)

雨はれて清《きよ》く照りたるこの月夜《つくよ》また更《さら》にして雲なたなびき(巻八・一五六九)

[15] 家持が大宰府から都に帰る船中で従者(傔従《けんじゅう》)が「羈《き》旅を悲傷して」と詠んだ短歌で、万葉集巻十七の巻首にある十首である。そのうちの一首は、次のようである。

家にてもたゆたふ命《いのち》波の上《うへ》に浮きてしをれば奥処《おくか》しらずも(巻十七・三八九六)

(家にいても揺れ止まぬ不安定な命である。波の上に浮いていると、行く末もわからないのだ)

[16]「言立」の一部を以下に示す。「大伴《おほとも》の　遠《とほ》つ神祖《かむおや》の　その名をば　大久米主《おほくめぬし》と　負《お》ひ持ちて　仕《つか》へし官《つかさ》　海行《ゆ》かば　水漬《みづ》く屍《かばね》　山行《ゆ》かば　草生《む》す屍　大君《おほきみ》の　辺《へ》にこそ死なめ　顧《かへり》みは　せじと言立《ことだ》て　ますらをの　清《きよ》きその名を　古《いにしへ》よ　今の現《をつつ》に　流《なが》さへる　祖《おや》の子どもそ　・・・」。この部分の口語訳(佐竹昭広他訳)は「大伴の遠い祖先の、その名を大久米主と名のり仕えた役目で、海を行くならば水に浸かった屍、山を行くならば草むした屍となっても、大君のお側でこそ死のう、我が身を顧みたりしない、と誓いの言葉を述べて、ますらおの清いその名を昔からこの今日の世に伝えて来た家柄の子孫なのだ。・・・」(巻十八・四〇九四)。

[17] 大岡と佐竹他は、左注は三首に及ぶとしているのに対して、松田は左注の前半は三首に及ぶが、「この歌」以下は第三首のみを指すとしている。

[18] 本書の第1章の古い文献にみる詩歌の心理的効果「3 論語——孔子」を参照。

[19] 次の九例である。①巻十七・三九八五-七、②巻十八・四一〇一-五、③巻十九・四一六六-八、④巻十九・四一七四、⑤巻十九・四二一一-二、⑥巻十九・四二五四-五、⑦巻十九・四二九〇-一、⑧巻二十・四四六三-四、⑨巻二十・四五〇六-一〇。

[20] その短歌は次の二首である。

秋風の末《すゑ》吹きなびく萩《はぎ》の花ともにかざさず相《あひ》か別れむ（巻二十・四五一五）

（秋風が葉末を吹き靡かせる萩の花を、ともにかざすことなくお別れするのだなあ）

新《あたら》しき年の初めの初春《はつはる》の今日降《ふ》る雪のいやしけ吉事《よごと》（巻二十・四五一六）

（新しい年の初めの正月の今日降る雪のように、ますます重なってくれ、良いことが）

[21] 針原孝之『大伴家持研究序説』（桜楓社 1984）は、万葉集巻二十以降家持の歌がないことについて従来の研究を概観し問題点を整理している。

第3章 日本最古の詩歌療法の事例

[1] 家持が越中の国守として赴任したとき、大伴池主は越中掾《じょう》で、その後、越前掾に転じている。掾は、守、介に次ぐ官位で、それゆえ池主は、家持の下僚であるが、詩文の友として、その死まで家持との交流が続いている。池主は、家持よりも年長であることは確かであるが、家持との血縁的なつながり、系譜は不明である（小野寺静子「大伴池主——『氏族の人等』をめぐって」に詳しい）。生年も没年も不詳で、天平宝字元年（七五七）に橘奈良麻呂の変に加担して獄死したと考えられている。池主の万葉集中の歌すべてが、家持と関わって詠まれたものである。

[2] 古代社会において、夢はフロイトの言う見る人の欲求の表現ではなく、他の人の魂がその人の許を訪れるためであるとされている。

第4章　詩歌と了解心理学的方法

［1］感情移入はドイツの心理学者・美学者リップス（Lipps, Th., 1851-1914）による用語で、自然、芸術作品などさまざまな事象に自己の感情を投影して解釈すること、共感の意味にも用いられている。

［2］Jaspers, K. *Allgemeine Psychopathologie*, 5 Auflage, Springer-Verlag, 250-344, 1965. 初版 1923. この本には、内村祐之他訳『ヤスペルス精神病理学総論』（岩波書店 1960）があるが、翻訳は難解である。

［3］リーヴズ（Reeves, J., 1909-1978）イギリスの詩人、詩集の編集者、批評家。田園詩、社会諷刺詩の詩集 *The Natural Need, Collected Poems* などがある。引用は *Understanding Poetry*, 38-46, Heinemann, 1965. この本には武子和幸訳『詩がわかる本』思潮社 1993. がある。

［4］鴨長明『無名抄』近代の歌体。久保田淳訳注『無名抄』角川学芸出版 2013.

［5］コールリッジ（Coleridge, S. T.）との共著 *Lyrical Balads*（抒情歌謡集）（初版 1798）の第二版及び第三版の序。引用は Brett, R. L., & Lones, A. R. 編 1976.

［6］西脇順三郎・金子光晴監修『詩の本』第二巻 詩の技法II私の作詩法、筑摩書房 1967. 草野心平「小さな三つの例」、北園克衛「芸術としての詩」、田村隆一「ぼくの苦しみは単純なものだ」、黒田三郎「見ている目」、長谷川龍三「不毛と無能からの出発」、黒田喜夫「被分解者・被抑圧者の方法」、関根弘「寓話」、吉岡実「わたしの作詩法？」、岩田宏「御報告」、石垣りん「立場のある詩」、長田弘「未来の記憶」。宋左近「炎える母」については、伊藤信吉他編『現代詩鑑賞講座』第一巻『詩とはなにか』「第一章 シンポジウム・詩とは何か」角川書店 969.「炎の花」については西脇順三郎・金子光晴監修『詩の本』第一巻『詩の原理』筑摩書房 1968. 詳しくは、拙著『詩歌療法――連詩・俳句・連句による心理療法』（新曜社 2012）第1章の「3　詩作の動機づけ」を参照。

［7］シラーは、ドイツの詩人・劇作家・思想家で、詩集に生前に出版された『フリードリヒ・シラー詩集』二巻がある。ベートーヴェンの第九交響曲・合唱付きで唱われる「歓喜」（原題は An die Freude）の原作者としてよく知られている。田中亮平・伊藤貴雄（2003）によれば、この詩は「友愛」と「自由への渇望」を主題するもので、

初稿は改訂版で次のように修正・削除されていると言う。第一節第七行「時流の剣が切り裂いたものを」が「時流が厳しく分けへだてたものを」に、同第八行「貧者が王族の同胞となる」が「人類はみな同胞となる」に、第九節「暴君の鎖を断ち切れ・・・」以下が全行削除。この詩もユングの言う心理的な詩作態度により書かれたことが分かる。

［8］拙著『詩歌療法――詩・連詩・俳句・連句による心理療法』（新曜社 2012）第1章の「4 詩作過程の事例――大岡信『我が夜のいきものたち』」を参照。

［9］本書の第2章「大伴家持の依興歌――抒情詩の詩作態度」を参照。

［10］芭蕉の俳句の解釈については、本書第1章の「7 嵯峨日記・笈日記・三冊子――松尾芭蕉」を参照。

第5章 従来の詩歌療法の理論

［1］薬剤師で法律家であったエリ・グライファーは、生涯に亘って詩の心理的な治療効果に関心を持ち続けた。著書に *Rhymes for Wretched*（不幸な人のための詩歌）、*Poems for What Ails You*（どうかしたの？のための詩）、*Psychic Ills and Poem Therapy*（精神的な病と詩療法）、*Philosophic Duels*（哲学的闘いの掟）などがある。マッツア（Mazza, 2003）によれば、アメリカにおいて一八〇〇年代後半から一九〇〇年代の中頃までの間に、詩歌療法の発展につながる流れが認められると言う。アメリカの（最初の）読書療法家と言われるラッシュ（Rush, B.）は病人や精神的な病の人に本を読むことを勧め、グレイヴス（Graves, R., 1922）は精神障害の治療と予防に用いる『精選詞華集』を編集している。シャフラー（Schauffler, R. H., 1925）は、気分や問題ごとに詩を集めた詞華集 *The Poetry Cure: A Poket Medicine Chest of Verse*（詩の治療――詩歌の小さな薬箱）を出版している。英文学者のプレスコット（Prescott, F. C. 1922）は、*The Poetic Mind*（詩人のたましい）で詩歌は問題を抱えている人の心の安全弁であると書いている。彼は、*Journal of Abnormal Psychology* に詩と夢の関係について二つの論文を書いており、詩人の考えを心理学に結びつけた。

［2］本を読むことが心の病を癒す効果のあることは古くから知られていたが、心理療法としての読書療法（Bibliotherapy）は一九三〇年代にアメリカのメニンガー・メニンガー（Menninger, W. C. & Menninger, K. A.）によりはじまるとされている。この療法は、読書により悩みや葛藤を解決しようとするもので、治療過程には同一視、カタルシス、洞察などの心理的機制が含まれる。したがって、処方される本が重要となる。治療者と一緒に読む場合もあれば、一人で読む場合もある。

［3］ナラティヴ療法（narrative therapy）は、一般的には自己の体験を回想して物語ることにより問題を解決・解消しようとする心理療法を言う。ガーゲンらの『社会構成主義としてのセラピー』（McNamee, S. & Gergen, K. J. (Eds.) *Therapy as Social Construction*, 初版 1992）では、現実は人びとの間で構成され、言語を通して実践されるとする。クライエントとセラピストとの対話そのものが治療であると言う。この本の十六編の論文のうち六編が野口裕二・野村直樹によりS・マクナミー、K・J・ガーゲン編『ナラティヴ・セラピー』（金剛出版 1997）として訳出されている。詳しくは本章第2節の「（4）社会構成主義とナラティヴ・セラピー」を参照。

［4］「心理的」詩作態度と「幻想的」詩作態度は、「分析心理学と文学作品の関係」（1922）では「内向的」詩作態度と「外向的」詩作態度とされていたが、後の論文「心理学と文学」（1930）で「内向的」は「心理的」に、「外向的」は「幻想的」に改められた。これらの概念が、ユングの性格類型の基本的な概念である「内向」「外向」と明確に異なることを示すためであった。ユングは、幻想的詩作態度による作品としてゲーテの『ファウスト』の第二部とニーチェの『ツァラトゥストラはかく語りき』をあげている。

［5］アドラーの所説は、*The Science of Living* (Meiret, P. の序文のある Martino 版の初版は 1930）に比較的簡潔に記述されている。しかし、この著書も平易な言葉で記述されているが、その内容の理解は容易であるとは言い難い。岸見一郎（2012）によれば、アドラーの母語（ドイツ語）でない英語で書かれた著書の多くは、論文として書かれたものではなく、講義ノートや聴講者の筆記録を編集者がまとめたものであると言う。本書の内容が分かりづらいのは、そのためであると考えられる。この本は、アドラーが英語で書いた最初の本である（邦訳は岸見一郎

訳『個人心理学講義』アルテ 2012.）

[6] アドラーによれば、身体の器官に欠陥がある場合、その器官の機能を補う機能が身体にあるように、精神活動における優越性と劣等性は、相補的な関係にあり、いずれも目標を追求し達成しようとする欲求である。優越性から生じる感情が優越感で、劣等性から生じる感情が劣等感である。人間は常に現在の状態に何らかの欠乏・不足を感じているゆえに、目標の追求は決してやむことはないと言う。優越性の過度の追求を優越コンプレックス、劣等感の過度の状態を劣等コンプレックスと言っている。この二つのコンプレックスは、対人関係に障害を生じさせる原因になるとしている。

[7] 共同体感覚を意味する用語として、アドラーは Gemeinschaftsgefühl（共同体感情）と Mitmenschlichkeit（共・人間性）を用い（岸見一郎 2012）、ヴォルフ（Wolfe, W. B. 2010）は social feeling（社会的感情）と英訳している。この他に Gemeinschaftsgefühl の英語訳として community feeling（コミュニティ感情）、social interest（社会的関心）などが用いられ、後期の著書においては social interest が多く用いられている。social の語源はラテン語 socius で「分ち持つ・結びつける」という意味であり、したがって social feeling と social interest は他の人びとと感情・関心を共有し結びつけるという意味になる。

[8] アンスバッカー（Ansbacher, H. L. 1991）によれば、アドラーは共同体感覚の英訳に feeling of belonging, cosmic feeling, humanistic identification などを用い、social interest の意味は humanistic identification に近いと言っている。social interest（社会的関心）は、人類の関心に関心を持つことであり、他者の目で見ること、他者の耳で聞くこと、他者の心で感じることを意味し、他者との同一視あるいは共感の意味を含んでいる。したがって、その意味するところは「コモンセンス」である。コモンセンスの反対は「私的論理」で、個人の特異な見方・問題解決の仕方であり、人生におけるあらゆる失敗者の基礎にある特徴と言っている。アドラーにおいては、social interest は精神的健康の基準のひとつである。

[9] プライベイト（private）の語源は、ラテン語の privo（動詞は privare）で、「〜を剥奪する」「〜の束縛から解放

される」という意味で、その対義語は communis で「分有、共通、普遍的、公共の」を意味している（*Cassell's New Latin-English, English-Latin Dictionary*, 1959.）。アドラーはこの二つの語を対比・対立させて用いている。

[10] apperception はドイツ語 Apperzeption の英語訳。Apperzeption を心的作用の説明に用いたのはヴント（Wundt, W.）で、この用語には意識内容の明瞭な把握をもたらす意志過程と多数の意識内容の総合・同化をもたらす心理過程の二つの意味がある。

[11] 本書事例集のジョン・スチュアート・ミルの事例では、ワーズワスの詩「オード・幼少時の回想から受ける霊魂不滅の啓示」の最後の連が、カール・アップチャーチの事例ではシェイクスピアの「ソネット一二七」が未来への展望を示している。

[12] ジェニーは、仕事を辞めさせられ、仕事を探している二六歳の独身女性である。また職場で失敗を繰り返し、同僚に受け容れられないのではと不安であった。彼女の危機の対処の仕方はいつも転職であった。仕事が変わる度に、新しい土地に移り、男性との付き合いもなくなった。彼女は、自分をショート・レースを走るマラソン・ランナーに喩えた。そこで、マッツアは、マラソンをジェニーの人生の比喩と考え、レースを完走するという目標を示し、それを達成することで自尊心を取り戻し、希望を生じさせようとした。彼女の同意を得てマラソン・レースと転職（目標）のための準備を始めた。長距離のレースを走ることは難しかったので、準備段階として一〇キロのレースを走ることにした。そして完走した。彼女は、自分を表現している詩として、「レディ・レディ・レディ」（作詞者 Forsey, K. & Moroder, G.）を選んだ。この歌は、「風のように走れば、あなたはもう一人ではない。孤独な心を隠し通すことはできない。あなたが望むならその孤独な心に触れさせなさい、あなたの心に本当のあなたがいることを私は知っている」という意味の歌である。彼女は自分を取り戻した。

[13] ゲシュタルト心理学は、ヴェルトハイマー（Wertheimer, M.）の運動視についての研究に始まり、心的現象は分割できない全体的で力動的なひとつのゲシュタルト（Gestalt・形態）を形成しているとするもので、ケーラー（Kohler, W.）、コフカ（Koffka, K.）、レヴィン（Lewin, K.）らにより記憶、学習、思考、発達、集団行動などに

も適用されるようになった。

［14］パールズによれば、ゲシュタルト療法では「なぜ」という問いかけはしない。なぜなら、この問いの答えは、自分に都合のよい言い訳、自己防衛、合理化などであり、事象の生起やその背景をはっきりさせることに役立たないと言う。ゲシュタルト療法では、「今－ここ」(now and here) で生じている事柄が問題なのであり、それを解決するためには何が問題なのか意識化しなければならない。そのために用いられるのが、「気づき」(awareness) である。（パールズ・F・S／倉戸ヨシヤ監修／日高正宏他訳『ゲシュタルト療法――その理論と実際』ナカニシヤ出版 1990)。

［15］パールズによれば、このような「気づき」の技法を単独で用いることには限界があると言う。効果が得られるまでに時間がかかるからである。そこでシャトル技法と呼ぶ方法を用いる。この方法は新しいものではなく、フロイト派が夢をこの方法で扱っていると言う。具体的には、クライエントに呼吸から筋肉、記憶（過去）の再体験と「今－ここ」での体験、感情と投射内容、話しかけと傾聴する行為、夢の内容と夢からの連想などの間で、自分の意識をシャトル（往復）させるように求める方法である。

［16］パールズ（1973）は、感情は原初的な興奮が特定の感情に変えられたものであり、感覚器や運動器における動作に置き換えられるとする。感情は、カセキシスを活性化させ、欲求充足の手段を見出したり、その過程を促進させるとしている。ゲシュタルト療法が行われる場面では、クライエントは複数の役割を交互に演じるが、そのときクライエントの緊張は高まり、興奮し感情が放出される。この療法にあっては、気づきが目的であって、感情の放出が目的ではない。

［17］マッツアによれば、患者のグループに詩歌療法を用いたエリ・グライファーとリーディは、モレノの支援を受け、アメリカ集団心理療法・サイコドラマ協会で研究発表をしている。モレノは、早くから治療に詩歌を用いることに関心があり、psychopoetryという用語を用いていた。モレノの考えを受け継ぎ、サイコ・ドラマを拠り所として詩歌療法の研究を行ったシュロス（Schloss, G）は、*Psycho-poetry*（1976）という本を出版している。

[18]本書第1章の「1　詩学――アリストテレス」を参照。

[19]シェイクスピアの四大悲劇のひとつ。ムーア人の軍人オセロは、部下のイアーゴの奸計とも知らず、妻デスデモーナの貞操を疑い、嫉妬に苦しみ怒り、殺害する。後に真実を知ったオセロは自害する。

[20]社会構成主義の起源は、哲学的にはカント（Kant, I.）やヘーゲル（Hegel, G. W. F.）などのドイツ観念論と、社会学のデュルケム（Durkheim, E）によって継承された思想にあるとされている。バーガー（Berger, P. L.）とルックマン（Luckmann, T.）は現象学的社会学派と言われている。グラムシ（Gramsci, A.）のヘゲモニー論、フーコー（Foucault, M.）の権力理論などの思想に影響を受けた学派を一般に社会構成主義と言っている。

ホフマン（Hoffman, L. 1992）は、社会構成主義（social constructionism）も構成主義（constructionism）も世界は実在しており、客観的な確かさをもって認識しうるという近代主義的な考えを疑問視する点では共通していると言う。しかし、次のような点では異なるとする。構成主義は、認識と概念は人が環境と衝突するときに形作られると考えるのに対して、社会構成主義では、考え・観念・記憶は人びとの社会的交流から生まれ、言語により媒介されると考える。

[21]「現実は社会的に構成される」は、バーガーとルックマンの著書『現実の社会的構成』(Berger, P. L. & Luckmann, T. *The Social Construction of Reality*, 1966）の「序論　知識社会学の課題」のはじめの部分に書かれている。

[22]ポスト・モダン（Post-modern）とは、近代主義（modernism）を克服しようとする時代の思潮を言う。進歩主義や啓蒙主義、近代的な主体概念の批判を通して、モダニズム（近代主義）はすでに行き詰まり、滅び、新しい時代の展望が生まれつつあるという主張。この思想は、建築・デザイン、哲学・思想、文学、社会学、法学などの分野に広がり、二十世紀後半の時代潮流となった。

[23]高浜虚子は、俳句の推敲法として、俳句の言葉のひとつを他の言葉に置き換えて新しい結びつけを見出す配合法、「じっと眺め入る」と「じっと案じ入る」という観察法、俳句の上五文字を示して、下十二文字をつける埋字法という三つの方法をあげている。

［24］冠句は、堀内雲鼓（1665-1728）の笠附集『夏木立』に始まるとされる（潁原退蔵 1979）。冠句は、江戸元禄期から雑俳として行われていた五文字附、烏帽子附、笠附、冠附などを明治の中頃から冠句と呼ぶようになった。冠句は、俳句と同じ五七五の詩型を用いて句作するが、上五文字を冠題と言い、この冠題に七五の十二文字を付け句する。久佐太郎は季語は不要と言っている。冠句の特徴は、同じ冠題に他の人たちも付け句することにある。

［25］俳句に心理治療的な効果のあることは、ユング派の心理療法家ローゼンタール（Rosenthal, V.A.）が一九七五年に Seventeen syllables: Haiku as psychotherapy,（*Voices: The Art and Science of Psychotherapy*, 11, 2-4, 1975.）という論文で指摘している。

飯森眞喜雄の『ホモ・ロクェンスの病——言葉の処方と精神医学』（日本評論社 2014）は、著者が学術雑誌等に発表した詩歌療法に関する主要な論文が発表時のまま再録されている。

［26］山根は、この技法は情動の解除技法のひとつであると言い、使用にあたっての基本的なルールをあげている。① 季語を必要としない、② 修辞技法などにとらわれない、③ 冠題は誘発語として用いる。④ 話し言葉（口語）を使って自由に表現する、⑤ 字数制限を設けず、字余り字足らずを認める、⑥ 話された内容について精神分析的な二次過程レベルの解釈や分析を行わない（『冠難辛句』2011b）。

［27］本章の注23を参照。

［28］たとえば、コールリッジ（Coleridge, E. H.）の詩 *The Rime of the Ancient Mariner, In Seven Parts*（老水夫行・全七部）は、老水夫の苦難の体験を若者に語りかける詩である。事例集注［3］を参照。

［29］この句は、「いたましいことだ。これは討ち死にした実盛の甲《かぶと》。その下で蟋蟀《こおろぎ》が鳴いている」という意味である。甲は、白髪を染め、木曽義仲軍との戦いに参加して討たれた平家の斉藤別当実盛のもので、「むざんなや」は謡曲「実盛」で首実検した樋口次郎の「あなむざんやな・・・」に由来する。山本健吉は、この句を「実盛の幽霊の懺悔物語の句の裁ち入れであるが、同時に作者自身の『むざんやな』という声でもある。だが、それのみではない。実盛の幽霊は、必然的に実盛の幽霊が虫に化して、年々稲の虫供養として、実盛祭をしなければならない農民の

伝承を二重映しに表現している」と言う。『俳句とは何か』(「芭蕉と現代」)より引用。

[30] たとえば、「"Hope" is the thing with feathers—／That perches in the soul／And sings the tune without the words—／And never stops —at all—／」で始まる詩は、詩集の編集者により最初の一行「希望は羽根をつけた生き物」を詩の題名にしている。亀井俊介編『対訳ディキンソン詩集』岩波書店 1998. も同様である。

第6章　詩歌療法のカタルシス理論

[1] ベルナイス (Bernays, J. 1824-1881) は、ドイツの古典文献学者で、フロイトの妻マルタ・ベルナイスの伯父である。金関猛訳／ブロイアー・フロイト『ヒステリー研究(初版)』の「はじめにヒステリーがあった」にベルナイスの詳しい紹介がある。

[2] 原書名は Lessing, G. E. *Hamburgische Dramaturgie.*

[3] この本には、Oxford大学図書館の収蔵印があり、オリジナル論文の複製版である。最初の所有者のものと思われる書き込みもそのままである。

[4] 類似療法 (ホメオパシー homeopathy) については本書第1章の「1　詩学——アリストテレス」を参照。

[5] スタックは、サイコ・ドラマにおける用語で、ドラマが進展しない硬直した状態を言う。

[6] 今道友信は、『詩学』の訳注で、カタルシスの詩学的解釈の典拠として次の箇所をあげている。『詩学』の第六章 (1449b24-28, 1448b5-9)、第九章 (1451b4-11)、第十一章 (1452b10-13)、第十三章 (1453a9-10,15-16)、第十四章 (1454a10-13,1455b15)、『霊魂論』I. 402a9-10, 403a3-30, 及び『ニコマコス倫理学』II・6 (1106b8-23) である。アリストテレス全集7 今道友信訳『詩学』岩波書店 1972. 本書の第1章の注 [2] カタルシスを参照。

[7] その例は、マッツアのジェニーの症例に見ることができる。本書の第5章の注 [12] を参照。

事例集

［1］ニガー（nigger）は、ネグロ（negro）に由来する言葉で、アフリカ系アメリカ人を蔑視する社会的差別語である。アップチャーチは、自分の生い立ち、心理、行動、環境を記述するためにニガーという言葉を敢えて用いるとしている。それゆえ、本書でもそのまま用いることにした。

［2］二〇〇三年三月十三日、フィラデルフィアの新聞 *The Inquirer* は、アップチャーチについて次のような長文の死亡記事を載せている。

サウス・フィラデルフィアにかつて住んでいた著述家で、一九九三年に全国規模のギャング・サミットを組織した社会活動家のカール・アップチャーチは、十六年間住んだオハイオ州ネワークの自宅近くのグラント医療センターで三月二日に亡くなった。享年五十三。死亡原因は毒物検査の途中で公表されていない。

九歳からサウス・フィラデルフィアのギャング・メンバーであったアップチャーチ氏は、十八年間少年院や刑務所で過ごした（訳者注：十四歳から三二歳までのほとんど）。ウエスターン刑務所としてよく知られている国の矯正施設（ピッツバーグ）に収監されている間、一九七〇年代、彼は受刑者の代弁者としての使命について考え始めた。

ウエスターン刑務所にいる間、アップチャーチ氏は、心理学と文学の二つの学士号をピッツバーグ大学から得た。一九八二年に刑務所を出所した後、インディアナ州リッチモンドのアールハム（Earlham）神学部で、次いでオハイオ州ベックスレーのトリニティ（Trinity）ルター派神学校で学んだ。

一九九二年、アップチャーチ氏は、都市の平和と正義（Urban Peace and Justice）のための全国協議会を作り、最初の全国ギャング・サミットを組織した。ロドニー・キング（Rodney King）がロサンジェルスで殴打されるという事件の後、このサミットに二六都市から一五〇名以上のギャング・リーダーが集まった。一九九三年、モンタナ州カンサスシティでは一八六名のギャング・リーダーが集まり、殺人はしないという誓約書にサインした。

その歴史的な意義がクリントン大統領により認められ、暴力と縄張り争いに代わるものを求めていたギャング構成員にとって、サミットは成果があった。最も注目すべきは、二万人以上の構成員がおり、ロサンジェルスの悪名高い暴力的なギャングのクリップス（Crips）とブラッズ（Bloods）の間で長期の休戦が成立したことである。

アップチャーチ氏の自伝、『生まれる前から決まっていた』(*Convicted in the Womb*) は、二〇〇二年にショータイム・ケーブル・ネットワークで映画化された。彼は、死期を前にして、二冊目の本『岩を持ち上げる』(*Lifting the Rock*) を書いていた。近年、アップチャーチ氏は、大学、高等学校、刑務所、非行少年の短期収容施設、市民団体で講演し、ワークショップを行っていた。（以下省略）。

［3］「老漁夫」は、コールリッジの詩 *The Rime of the Ancient Mariner: In Seven Parts*（老水夫行・全七部）に登場する老水夫である。この詩は、白いひげ、光る目、骨と皮ばかりの手をした老水夫が婚礼の宴に招かれた三人の若者の一人を引き留めて苦難の人生の話を始める。老水夫は、航海の途中で何の罪もないアホウドリを非情にも射殺してしまう。その結果、苦難の航海が待っていた。赤道近くを漂う船には飲み水がなく、この詩の第二部に渇きに苦しむ様子が書かれている。「どこを見ても、水、水、／でも　飲む水は一滴もない」(Water, water, every where,／Nor any drop to drink) (121-122)、「ひどい渇きで誰の舌も／喉の付け根までひからびて／口をきこうにも声がでない／すすで喉がつまったように」(135-138) と書かれている。この詩は、幻想的な贖罪と懺悔の巡礼の旅の詩で、「クブラ・カーン」「クリスタベル第一部」と共にコールリッジの三大幻想詩のひとつである。

「ルルドの水」は、フランス南西部の町ルルドにある洞窟の泉の水のことで、一八五八年、聖母マリアが現れ、その水は病気を治すと言われる。教皇がカトリックの聖地とし、重要な巡礼地となった。

［4］「双手失い口に筆ふくみつつ・・・」の短歌は、大石順教尼（1888-1968）のことである。順教尼は、本名を大石よね、大阪堀江の芸妓・妻吉で、養父中川萬次郎の世に言う「堀江六人斬り事件」に巻き込まれ、両腕を失う。カナリアが嘴で雛に餌をやるのをみて、口で筆をくわえ書画を書く技法を習得し、日本画家となる。その後、得度し名を順教と改め、身障者の自立を支援する活動を行う。和歌山県伊都郡九度山町に大石順教尼記念館がある。

［5］チェイス（1989）がコラボレイティブ・ポエムというアイデアを得たのは、慢性期の精神病患者の失った言葉

と表現を取り戻すために、詩の最初の一行をチェイスが書き、次の一行を患者が書くという「詩のワークショップ」を始めたときであった。交互に詩の行を書き終えたとき、患者の一人が、「これが私の最初のコラボレイションと言った。このとき、コラボレイティブ・ポエムのアイデアが明確になったと言う。

あとがき

本書は、前著『詩歌療法――詩・連詩・俳句・連句による心理療法』（新曜社 2012）の続編として書かれたものです。詩歌療法の理論の中核にあったのは、アリストテレスの『詩学』に記されていたカタルシスという概念でした。この小著の道程を振り返ってみれば、アリストテレスのカタルシス概念の心理学的解釈から始まり詩学的解釈に到る歩みでした。詩歌を詠み・読むという詩歌療法がライフ・ストーリー（生き方）の書き換え療法であったということは、まったく予想しなかったものでしたが、納得のいくものでした。

私の関心を心理学から英米詩と日本の詩歌へと拡げたのは、随分と前のことですが、大学図書館の薄暗い書庫で偶然手にした二冊の本、バウラ（Bowra, C. M.）の *The Romantic Imagination*（床尾辰男訳『ロマン主義と想像力』みすず書房 1974）と山本健吉の『詩の自覚の歴史――遠き世の詩人《うたびと》たち』（筑摩書房 1979）であったように思います。アリストテレスの『詩学』とこれら二冊の本は、私の興味や関心を拡げ、次々と新しい知識をもたらし、未知の著者たちとの出会いを生み出しました。それは、雲間から射す光に照らされた風景を眺めるようでした。その後の長い年月は楽しい時間でした。

本書は、日本の詩歌の長い歴史の中に詩歌療法の源泉を発掘し、カタルシス概念の根源的な意味を問い、それを現代の心理学説に結びつけておりますが、それらは詩歌療法のカタルシス理論の構築のためでした。しかし、カタルシス理論が詩歌療法の効果の多くを説明できたとしても、感情と認知が融合した詩歌療法の理論の一部にすぎないと考えています。それゆえ、いつの日か本書の不備不足を補い、誤りを正し、詩歌療法の体系化された理論ができることを期待し、そのような本と著者に出会えることを願っています。なお、引用文献のいくつかに初版・初出の年号を記したのは、詩歌療法の歴史を意識したためでした。

漢詩は、抒情詩にとり重要な詩作形式です。そこで現存する日本最古の漢詩集である『懐風藻』と最初の勅撰漢詩集の『凌雲集』の序文を調べてみました。しかし、そこには誰がどんな詩を詠んだかの記述はありましたが、詩歌の心理治療的な効果についての記述はありませんでした。日本には多くの漢詩集が残されており、どこかに心理治療的な効果についての記述があるはずです。調べてみる必要があります。

詩歌療法において用いることのできる詩歌と詩作の技法などについては、拙著『詩歌に救われた人びと』(風詠社 2015) の第二章「詩歌療法の技法」をご覧下さい。

私の詩歌療法探求の旅はこれで終わりますが、詩歌療法は若い頃からのテーマであった行動の意識的統御研究の終着駅であったように思います。放送大学岐阜学習センターのリフレッシュ・ゼミの皆さんには、新型コロナ・ウィルスの流行で中断してしまいましたが、アリストテレスの『詩学』から始まり、そして終わった詩歌療法の長い講義を熱心に聴いていただきました。新曜社の塩浦暲さんには適切な助言をいただきました。感謝申し上げます。

人名索引

■さ行

■た行

■な行

■は行

■ま行

■や行

■ら行

■わ行

事項索引

■さ行

■ た行

■ な行

■ は行

引用文献

Adler, A. *Understanding Human Nature,* (Trans. by Wolfe, W. B.) Martino Publ, 2010（初版 1927）.

Adler, A. *The Science of Living,* Martino Publ, 2011（初版 1929）.〔岸見一郎 訳『個人心理学講義』アルテ, 2012.〕

Adler, A. *What Life Should Mean to You.* BN Publ, 2019（初版 1931）.〔高尾利数 訳『人生の意味の心理学』春秋社, 1984.〕

アンジェロウ (Maya Angelou)「それでも私は立ち上がる (Still I Rise)」水崎野里子 訳『現代アメリカ黒人女性詩集』世界現代詩文集28, 土曜美術社, 1999.

アンスバッカー (Ansbacher, H. L.)／アドラーギルド翻訳工房 訳「Social Interest という概念」『アドレリアン』第5巻第2号（通巻第9号）, 130-144, 1992,〔The Concept of Social Interest, *Individual Psychology, 47*(1), 28-46, 1991.〕

青山宏・蒲章則・青山真美・小野武也・村井真由美・境信哉「精神科デイケアにおける『付け句遊び』の有効性について」『山形保健医療研究』第2号, 23-25, 1999.

アリストテレス (Aristotelēs)／山本光雄 訳『政治学』第8巻第7章. 出隆監修・山本光雄編『アリストテレス全集』第15巻, 3-413, 岩波書店, 1969.

アリストテレス (Aristotelēs)／今道友信 訳『詩学』出隆監修・山本光雄編『アリストテレス全集』第17巻, 17-252, 岩波書店, 1972.

アリストテレス (Aristotelēs)／松本仁助・岡道男 訳『詩学』『アリストテレース詩学・ホラーティウス詩論』7-222, ワイド版岩波文庫, 岩波書店, 2012.

アリストテレス (Aristotelēs)／渡辺邦夫・立花幸司 訳『ニコマコス倫理学 上』光文社, 2015.

浅野欣也「連句による治療の試み」『芸術療法』*14,* 7-14, 岩崎学術出版社, 1983.

浅野欣也「連句療法の理論と技法と実際」徳田良仁 監修／飯森眞喜雄・浅野欣也 編『俳句・連句療法』206-235, 創元社, 1990.

バーガー・ルックマン (Berger, P. L., & Luckmann, T.)／山口節郎 訳『現実の社会的構成――知識社会学論考』新曜社, 1977.〔*The Social Construction of Reality: A Treatise in the sociology of knowledge,* New York: Doubleday, 1966.〕

Bernays, J. *Grundzüge der verlorenen Abhandlung des Aristoteles über Wirkung der Tragödie.* Breslau, Verlag von Eduard Trewendt, 1857, Published by Wentworth Press.

バウラ (Bowra, C. M.)／床尾辰男 訳『ロマン主義と想像力』みすず書房, 1974.〔*The Romantic Imagination.* Oxford University Press, 1949.〕
Breuer, J. & Freud, S. Psychical mechanism of hysterical phenomena (Preliminary communication). *Studies in Hysteria,* (Trans. with an Introduction by Brill, A.A.), 1-13. Beacon Press. 1950.
Breuer, J. & Freud, S. On the psychical mechanism of hysterical phenomena: Preliminary communication, *Studies on Hysteria,* (Trans. & Ed. by Strachey, J.) The Standard Edition of The Complete Psychological Works of Sigmund Freud, vol.2, 3-17, The Hogarth Press. 1955.
ブロイアー・フロイト (Breuer, J. & Freud, S.) 金関猛 訳『ヒステリー研究〈初版〉』中央公論新社, 2013.
Chase, K. *Land of Stone: Breaking silence through poetry.* Wayne State University Press, 2007.
クレア (Clare, J.)「私は生きている（'I am'）」平井正穂 訳『イギリス名詩選』岩波書店, 1990.
コールリッジ (Coleridge, S. T.) 平井正穂 訳「クブラ・カーン (Kubla Khan)」平井正穂編『イギリス名詩選』岩波書店, 2007.
ディキンソン (Dickinson, E.)／亀井俊介編『対訳 ディキンソン詩集』アメリカ詩人選(3), 岩波書店, 1998.
潁原退蔵校訂『去来抄・三冊子・旅寝論』岩波書店, 1939.
潁原退蔵・尾形仂 訳注『新版おくのほそ道』KADOKAWA, 2003.
エリオット (Eliot, T. S.)／綱淵謙錠訳「詩における三つの声」『エリオット全集』第3巻 詩論・詩劇論, 383-405, 中央公論社, 1960.
エプストン・ホワイト (Epston, D. & White, M.)「書き換え療法――人生というストーリーの再著述」マクナミー・ガーゲン (McNamee, S., & Gergen, K. J.) 編／野口裕二・野村直樹 訳『ナラティヴ・セラピー――社会構成主義の実践』139-182, 金剛出版, 1997.
Freud, S. Formulierungen über die zwei Prinzipien des Psychischen Geschehens, Gesammelte Werk, Bd. 8. Fischer, 230-238, 1911.
Freud, S. The psychotherapy of hysteria, *Studies in Hysteria,* (Trans. with an Introduction by Brill, A .A.), 190-231, Beacon Press, 1950.
Freud, S. The psychotherapy of hysteria, *Studies on Hysteia,* (Trans.& Ed.by Strachey, J.) The Standard Edition of The Complete Psychological Works of Sigmund Freud. vol.2, 255-305. The Hogarth Press. 1955.

フロイト (Freud, S.)／高橋義孝 訳「空想することと詩人」『フロイト選集』第7巻 芸術論 3-17, 日本教文社, 1967.
古澤ゆう子「アリストテレス『詩学』カタルシス再考」『一橋大学言語文化』*46*, 95-107, 2009.
ガーゲン・ケイ (Gergen, K. J., & Kaye, J.)／野口裕二・野村直樹 訳「ナラティヴ・モデルを越えて」野口裕二・野村直樹 訳『ナラティヴ・セラピー —— 社会構成主義の実践』第6章, 183-218, 金剛出版, 1997.
萩原恭男校注『芭蕉　おくのほそ道 付・曽良旅日記・奥細道菅菰抄』岩波書店, 1979.
俳諧堂編『芭蕉書簡集』俳諧堂, 1916. 国立国会図書館デジタルコレクション.
針原孝之『大伴家持研究序説』桜楓社, 1984.
橋本達雄『大伴家持』集英社, 1984.
Heninger, O. E. Poetry therapy. *American Handbook of Psychiatry*. 2nd Ed., 553-563, Basic Books, 1981.
ホラーティウス (Horatius)／岡道男 訳『ホラーティウス詩論』松本仁助・岡道男 訳『アリストテレース詩学・ホラーティウス詩論』223-295. ワイド版岩波文庫, 岩波書店, 2012.
ホラーティウス (Horatius)／高橋宏幸 訳『書簡詩』講談社, 2017.
星野惠則「連句療法の経験 —— 青年期境界例を中心に」『芸術療法』*17*, 53-63, 1986.
星野惠則「玩具修理を見つめる幼い瞳 —— ある心因痛患者と連句」徳田良仁監修／飯森眞喜雄・浅野欣也編『俳句・連句療法』294-312, 創元社, 1990.
星野惠則・田村宏「慢性精神分裂病と連句」『精神医学研究』*10*(1-2), 88-106, 1990.
飯森眞喜雄「精神分裂病と詩歌 —— 第一報・俳句を用いた慢性精神分裂病患者に対する精神療法的接近の試み」『芸術療法』*9*, 95-103, 1978.
飯森眞喜雄「俳句療法の理論と実際 —— 精神分裂病を中心にして」徳田良仁監修／飯森眞喜雄・浅野欣也編『俳句・連句療法』128-205, 創元社, 1990.
飯森眞喜雄「詩歌療法の理論と展開」徳田良仁・大森健一・飯森眞喜雄・中井久夫・山中康裕監修『芸術療法2』実践編 106-111, 岩崎学術出版社, 1998.
飯森眞喜雄『ホモ・ロクェンスの病 —— 言葉の処方と精神医学』日本評論社. 2014.
居駒永幸「斉明紀建王悲傷歌と散文 —— 日本書紀注釈の試み」『明治大学人文科学研究所紀要』第60冊, 3.31, 21-33, 2007.
磯田雄二郎『サイコドラマの理論と実践 —— 教育と訓練のために』誠信書房, 2013.
岩田宏「御報告『詩の技法』」西脇順三郎・金子光晴監修『詩の本』第2巻, 266-282, 筑摩書房, 1967.

Jaspers, K. *Allgemeine Psychopathologie,* 5 Auflarge, Springer-Verlage, 1965 (初版 1913).
Jung, C. G. Psychology and Literature. In Jung, C. G. *Collected Works of C. G. Jung.* Vol.15, 84-106, Princeton University Press, 1966.〔松代洋一 訳「心理学と文学」『創造する無意識』所収, 平凡社, 2007.〕
Jung, C. G. On the relation of analytical psychology to poetry, *Collected Works of C. G. Jung,* Vol.15, 65-83, Princeton University Press, 1966.〔松代洋一 訳「分析心理学と文芸作品の関係」『創造する無意識』所収, 平凡社, 2007.〕
加我君孝「死に直面した頭頸部悪性腫瘍患者の精神身体医学的考察 ── 短歌によるコミュニケーションの回復の試み（その1）」『耳展』*18,* 89-94, 1975a.
加我君孝「死に直面した頭頸部悪性腫瘍患者の精神身体医学的考察 ── 短歌によるコミュニケーションの回復の試み（その2）」『耳展』*18,* 419-424, 1975b.
梶原和歌「集団療法としての詩歌療法（俳句）を試みた看護の一考察（その一)」第17回日本看護学会集録, 成人看護（宮崎), 79-81, 1956.
梶野あきら「ゲーテの古典主義に就いて（其の二・文芸理論)」『京都大学独逸文学研究』*8,* 1-30, 1959.
金関猛「はじめにヒステリーがあった」ブロイヤー・フロイト (Breuer, J. & Freud, S.) ／金関猛 訳『ヒステリー研究〈初版〉』5-75, 中央公論新社, 2013.
金谷治 訳注『論語』(改訳) 陽貨篇17の9, 岩波書店, 1999.
狩野陽「心理臨床に発現する治療の機転　覚え書き ── フロイト初期の治療体験と治癒概念の成立」『北海道大学教育学部紀要』*52,* 1-27, 1989.
形浦昭克「末期上顎癌患者とのかかわりから臨床医として考えさせられたこと」『看護雑誌』*49*(6), 664-669, 1985-6.
川本皓嗣『日本詩歌の伝統 ─ 七と五の詩学 ─ 』岩波書店, 1991.
雲英末雄・佐藤勝明 訳注『芭蕉全句集』KADOKAWA, 2010.
小森康永・野口裕二・野村直樹編著『ナラティヴ・セラピーの世界』日本評論社, 1999.
近藤信義「枕詞」『上代文学研究事典』おうふう, 1996.
久保田淳 訳注『無名抄』角川学芸出版, 2013.
工藤直子『工藤直子詩集』角川春樹事務所, 2002.
呉茂一「芸神ムーサイについて」『ギリシャ神話』第9節5, 新潮社, 1969.
久佐太郎（太田稠夫)『正風冠句新講・附精選三千句集』交蘭社, 1936.
Leedy, J. J. (Ed.). *Poetry Therapy: The use of poetry in treatment of emotional disorders.* J. B. Lippincott, 1969.
Leedy, J. J. Principles of poetry therapy. In Leedy, J. J. (Ed.). *Poetry Therapy: The*

use of poetry in treatment of emotional disorders. 67-74, J. B. Lippincott, 1969.
Leedy, J. J. *Poetry the Healer,* J. B. Lippincott, 1973.
マッケンジー・ダナ (MacKenzie, C., & Dana, B.) 編／大西直樹 訳『空よりも広く ―― エミリー・ディキンスンの詩に癒やされた人々』彩流社, 2012.〔*Wider than the Sky.* Harcourt, Brace & World, 1968.〕
松田聡「大伴家持の春愁歌」『早稲田大学国文学研究』*143,* 13-25, 2004.
Mazza, N. *Poetry Therapy: Theory and practice.* Routledge, 2003.
マクナミー・ガーゲン (McNamee, S., & Gergen, K. J.) 編／野口裕二・野村直樹 訳『ナラティヴ・セラピー ―― 社会構成主義の実践』金剛出版, 1997.（McNamee,S. & Gergen, K. J. (Ed.), *Therapy as Social Construction,* Sage Publication, 1992. の13編の論文から6編を選んで訳出したもの。）
Mill, J. S. *Autobiography,* The Pennsylvania State Universitry, Electronic Classic Series, 2004.（初版 1873).（村井章子 訳『ミル自伝』みすず書房, 2008を参考にした。）
森澄雄『俳句への旅』角川書店, 2009.
中原中也「汚れつちまつた悲しみに」『日本詩人全集22 中原中也』新潮社, 1967.
中村俊定 校注『芭蕉俳句集』岩波書店, 1970.
中村俊定 校注『芭蕉紀行文集・付　嵯峨日記』岩波書店, 1971.
夏目漱石『草枕』岩波文庫, 岩波書店, 1990.
西脇順三郎・金子光晴 監修『詩の本』第2巻 詩の技法II 私の作詩法 筑摩書房, 1967.
野口裕二「社会構成主義という視点 ―― バーガー&ルックマン再考」小森康永・野口裕二・野村直樹 編著『ナラティヴ・セラピーの世界』第1章, 17-32, 日本評論社, 1999.
尾形仂『芭蕉の世界』講談社, 1988.
岡道男「アリストテレース『詩学』解説」松本仁助・岡道男 訳『アリストテレース詩学・ホラーティウス詩論』311-336, ワイド版岩波文庫, 岩波書店, 2012.
岡道男「ホラーティウス『詩論』解説」松本仁助・岡道男 訳『アリストテレース詩学・ホラーティウス詩論』336-348, ワイド版岩波文庫, 岩波書店, 2012.
小野寺静子「大伴池主 ―― 『氏族の人等』をめぐって」『北海学園大学人文論集』*38,* 156-141, 2008.
大岡信「言葉の出現」雑誌『文学』第36巻, 1-14, 岩波書店, 1968.
大岡信・K. キヴス・川崎洋・G. フェスパー『ヴァンゼー連詩』岩波書店, 1987.
大岡信『連詩の愉しみ』岩波書店, 1991.
大岡信「ハイクと俳句」日本文体学会 編『俳句とハイク』花神社, 1994.

大岡信『私の万葉集』5, 講談社, 2015.
折口信夫「叙景詩の発生」『折口信夫全集』第1巻, 418-452, 中央公論社, 1965a（初出1926）.
折口信夫「短歌本質成立の時代」『折口信夫全集』第1巻, 217-264, 中央公論社, 1965b（初出1926）.
折口信夫「万葉集研究」『折口信夫全集』第1巻, 369-417, 中央公論社, 1965c（初出1928）.
折口信夫「国文学の発生（第二稿）」『折口信夫全集』第1巻, 76-92, 中央公論社, 1965d（初出1924）.
折口信夫「短歌本質の成立」『折口信夫全集』第10巻, 209-223, 中央公論社, 1966（初出1939）.
小山田隆明『詩歌療法 —— 詩・連詩・俳句・連句による心理療法』新曜社, 2012.
小山田隆明『詩歌に救われた人びと —— 詩歌療法入門』風詠社, 2015.
小沢正夫・松田成穂 校注『古今和歌集』『完訳日本の古典』9, 小学館, 1983.
小澤武二 校訂『各務支考　笈日記』21-28, 春陽堂, 1926, 国立国会図書館デジタル・ライブラリー.
パールズ (Perls, F. S.)／倉戸ヨシヤ 監訳／日高正宏・井上文彦・倉戸由紀子 訳『ゲシュタルト療法 —— その理論と実際』ナカニシヤ出版, 1990.〔*The Gestalt Approach and Eye Witness to Therapy,* Bantam Books, 1973.〕
Perls, F. S., Hefferline, R., & Goodman, P. *Gestalt Therapy: Excitement and growth in human personality.* The Gestalt Journal Press, 1994（初版 1951）.
プラトン (Platōn)／藤沢令夫 訳『パイドロス』田中美知太郎・藤沢令夫 編『プラトン全集』第5巻, 127-267, 岩波書店, 1974.
ポー (Edgar Allan Poe)／亀井俊介 訳「アナベル・リー (Annabel Lee)」亀井俊介・川本皓嗣編『アメリカ名詩選』岩波書店, 1993.
Reeves, J. *Understanding Poetry,* Heinemann, 1965.〔武子和幸 訳『詩がわかる本』思潮社, 1993.〕
坂本信幸「叙景歌」小野寛・櫻井満 編著『上代文学研究事典』おうふう, 1996.
坂本太郎・家永三郎・井上光貞・大野晋 校注『日本書紀』(四), 306, 342, 岩波書店, 1995.
佐竹昭広・山田英雄・工藤力男・大谷雅夫・山崎福之 校注『万葉集』(一), 岩波書店, 2013a.
佐竹昭広・山田英雄・工藤力男・大谷雅夫・山崎福之 校注『万葉集』(二), 岩波書店, 2013b.

佐竹昭広・山田英雄・工藤力男・大谷雅夫・山崎福之 校注『万葉集』(四), 岩波書店, 2014.
佐竹昭広・山田英雄・工藤力男・大谷雅夫・山崎福之 校注『万葉集』(五), 岩波書店, 2015.
志村実夫「連句を介したそれぞれの一人旅 —— 精神分裂病者への連句療法の経験」徳田良仁 監修／飯森眞喜雄・浅野欣也 編『俳句・連句療法』335-354, 創元社, 1990.
宋左近「炎の花」西脇順三郎・金子光晴 監修『詩の本』第1巻　詩の原理 筑摩書房, 1968.
宋左近「炎える母」伊藤信吉他 編『現代詩鑑賞講座』第1巻　詩とはなにか「第1章 シンポジウム・詩とは何か」9-49, 角川書店, 1970.
鈴木日出男「叙景歌」犬養廉他 編著『和歌大辞典』明治書院, 1986.
鈴木武晴「大伴家持の越中秀吟」『都留文科大学大学院紀要』*2*, 1-49, 1998.
鈴木武晴「大伴家持絶唱三首」『都留文科大学大学院紀要』*3*, 1-32, 1999.
高田祐彦 訳注『新版古今和歌集』角川書店, 2009.
高浜虚子『俳句の作りよう』角川学芸出版, 2009.
田村宏「繋ぎ止められた夫婦の絆 —— 慢性躁うつ病と連句」徳田良仁 監修／飯森眞喜雄・浅野欣也 編『俳句・連句療法』313-334, 創元社, 1990.
田村宏「俳句・連句・自然感情 —— 慢性精神分裂病者の表現特性とその言語論的理解」『日本芸術療法学会誌』*22*(1), 160-165, 1991.
田村宏「俳句・連句療法」『最新精神医学』*4*(6), 589-599, 1999.
田村宏「心身症の治療、俳句・連句療法」『心療内科』*6*(1), 33-38, 2002.
田村隆一「詩とは何か」伊藤信吉他 編『現代詩鑑賞講座』第1巻 9-49, 角川書店, 1970.
田村康夫「ゲーテのカタルシス解釈とその周辺」『琉球大学言語文化研究紀要』*5*, 15-34, 1996.
寺田寅彦「俳句の精神」『寺田寅彦全集』第12巻 225-240, 岩波書店, 1961.
鶴見和子『回生』藤原書店, 2007.
Upchurch, C. *Convicted in the Womb: One man's journey from prisoner to peacemaker.* Bantan Book, 1997.
ヴァレリー (Valery, A. P.)／佐藤正彰 訳「詩と抽象的思考」佐藤正彰他 訳『世界文学大系第51巻　クローデル・ヴァレリー』筑摩書房, 1939.
ワーズワス (Wordsworth, W.)「オード・幼少時の回想からうける霊魂不滅の啓示」山内久明 編『対訳ワーズワス詩集』岩波書店, 2006.

山本健吉『詩の自覚の歴史 ―― 遠き世の詩人（うたびと）たち』筑摩書房, 1979.
山本健吉「原　詩の自覚の歴史」『山本健吉全集』第3巻 319-359, 講談社, 1983a.
山本健吉「詩の自覚の歴史」『山本健吉全集』第1巻 3-14, 講談社, 1983b.
山本健吉「柿本人麻呂」『山本健吉全集』第1巻 15-26, 講談社, 1983c.
山本健吉「抒情詩の運命」『山本健吉全集』第1巻 27-39, 講談社, 1983d.
山本健吉『俳句鑑賞歳時記』角川学芸出版, 2000a.
山本健吉『俳句とは何か』角川学芸出版, 2000b.
山中康裕「芸術療法と俳句・詩歌療法 ―― 精神科外来における俳句療法の一例から」徳田良仁 監修／飯森眞喜雄・浅野欣也 編『俳句・連句療法』64-87, 創元社, 1990.
山根寛「自己表現活動としての自由短詩の臨床的有用性 ―― 冠難辛句：サラリとこころの煙突掃除」『作業療法』*30*(4), 402-410, 2011a.
山根寛『冠難辛句』青海社, 2011b.
山下一海「喪に居る者は悲しみをあるじとし」『芭蕉百名言』103-105, 角川学芸出版, 2010.
吉川幸次郎『論語（下）』陽貨篇十七、新装版中国古典選2, 269, 朝日選書, 朝日新聞社, 1996.
Zinker, J. *Creative Process in Gestalt Therapy,* Random House, 1977.（Mazza, N. *Poetry Therapy: Theory and practice.* Routledge, 2003 より引用。）

著者紹介

小山田隆明（おやまだ　たかあき）

1937 年北海道釧路市に生まれる。東北大学文学部（哲学）卒業。

同大学院博士課程（心理学）修了。

岐阜大学名誉教授、日本心理学会終身会員。

専門は学習心理学・認知心理学・行動の意識的統御論。

著書に『詩歌療法—詩・連詩・俳句・連句による心理療法』（新曜社 2012）、『詩歌に救われた人びと—詩歌療法入門』（風詠社 2015）、編著・分担執筆、論文多数。

新曜社

詩歌療法の理論

初版第 1 刷発行　2022年 7 月20日

著　者　小山田隆明
発行者　塩浦　暲
発行所　株式会社　新曜社
101 - 0051　東京都千代田区神田神保町 3 - 9
電話 (03)3264 - 4973 (代)・FAX (03)3239 - 2958
e-mail : info@shin-yo-sha.co.jp
URL : https://www.shin-yo-sha.co.jp

組　版　Katzen House
印　刷　新日本印刷
製　本　積信堂

ISBN978-4-7885-1778-3 C1011